오늘이 나에게
가장 멋진 하루

오늘이 나에게
가장 멋진 하루

14년 차 직업상담사의 성장기

오해하며 지내는 하루보다
이해하며 지내는 하루가 되기를…

박성우 지음

바른북스

프롤로그

2025년 1월 1일 오전 6시 30분, 알람 소리에 눈이 떠지고 중무장을 한 채 이기대공원으로 향했다. 7시 33분 새해 일출을 바라보며 부모님의 건강과 내 인생의 멘토인 누나의 만사형통한 을사년(乙巳年)이 되기를 간절하게 소망했다.

2023년 3월, 국민취업지원제도 직업상담사 업무를 뒤로하고, 희망리턴패키지 재취업교육 강사로 새로운 출발선에서 국립창원대학교 행정대학원 고용노동학과 학문을 연구하며 「한국형 실업부조 국민취업지원제도 문제점과 개선방안에 관한 연구」 석사 논문을 제출하였다. 그리고 직업상담사 1급 자격취득과 성인 학습자 대상 사회복지상담학과 겸임교수로 열심히 달려왔다.

그렇게 '책을 출간해 볼까?' 단순한 생각이 행동으로 옮겨져 내가 살아왔던 모습들을 복기해 보았다.

1989년 3월 초등학교 1학년, 오전반과 오후반으로 나누어 학교를 등교 했었고, 오후반에 등교할 때면 나의 놀이터였던 오락실에 들려 시간이 가는 줄도 모른 채 '50원'은 나의 가장 큰 행복이었다.

1994년 6월 초등학교 6학년, 미국 월드컵 스페인과의 경기에서 서정원 선수의 동점 골이 터지는 순간, 교실에 모여 TV를 시청하던 친구들은 환호성을 질렀다. 축구선수가 되고 싶었던 친구들과 달리 이 세상에서 가장 부자는 '현금만 받는 택시 기사가 아닐까?' 단순한 생각 했던 나였다.

초등학교 시절, 유일하게 청소반장 한 번이 전부였고, 중학교 시절 '공부가 매우 싫었어요.' 외치며 특성화고등학교에 진학했다.

그리고 2년제 전문대학교에 진학한 뒤 전공 분야 산업기사 자격증을 취득하지 못한 채 졸업하였고, 어느 하나 불러주는 곳이 없었던 20대 시절은 '내 인생에 가장 잔인하고 혹독한 시간'이 될 거라고는 생각하지 못했다.

30대가 되어 집단상담프로그램에 참여하며 만나게 된 강사님의 "직업상담사 해보실래요?" 이 말 한마디는 내 삶에 전환점이 되었고 지금도 현장에서 다양한 사람들을 만나 이야기를 듣는다.

'남자가 하면 어울리지 않는다.', '미래가 없는 불투명한 직업이다.' 현장에서 여전히 들려오는 얘기지만 내가 좋아하고 재미있고 즐겁게 할 수 있는 일이기에 오늘도 아침에 눈을 뜨면 '오늘은 나에게 어떤 일들이 일어날까?' 생각한다.

직업상담사 14년 차, 나도 이렇게 오래 할 거라곤 생각하지 못했다. '그만둘까?' 생각을 수십 번 아니 수백 번을 했지만 내가 지금 하는 일들이 행복을 찾아가는 길이라 버티고 또 버티고 있다.

구인 상담원, 민간기관 직업상담사, 특성화고등학교 취업지원관, 희망리턴패키지 재취업교육 강사, 사회복지상담학과 겸임교수….

오늘이 지나고 내일은 또 나에게 어떤 하루가 될지….

목차

프롤로그

1장
First
Age

직업상담사 해보실래요? | 9
직업상담사 하지 마세요. | 12
직업상담사 시험이 어려웠던 이유 | 18
직업상담사 자질이 없는 것 같네요. | 24
직업상담사의 하루 그리고 240시간 | 28
나에게 소중한 사람 | 35
너도? 나도! | 42

2장
Second
Age

또 다른 시작 | 49
차별과 차이 | 55
서울에 가는 이유 | 65
언제 끝날까? | 71
인사명령 | 76
왜, 내 주변에는 이상한 사람이 많을까? | 84
두려움을 극복하는 방법 | 88
집으로 가는 시간은 멀고도 멀다 | 93
멀티플레이어를 원하는 이유 | 98

직원의 의견을 들어야 하는 이유 | 105
퇴사하겠습니다 | 110
학생도 아니고 선생도 아닌 | 114
기회일까? 위기일까? | 128

3장 Third Age

대학원을 진학하게 된 이유 | 141
직장인으로서 대학원과정이 힘든 이유 | 145
변화의 시작 | 152
전부 다 바꿔! | 156
나의 스트레스 해소방안은 무엇일까? | 160
친구야, 나 좀 도와줘! | 164
발표자 말고 다른 사람은 없나요? | 167
성인 학습자 사회복지상담학과 겸임교수 | 173
생각의 차이 | 177
발상의 전환 그리고… | 181
두 번째 도전 | 186
석사 논문을 할 수 있을까? | 192
길이 꼭 정해져 있는 건 아니다 | 197
경기도 수원에서의 3박 4일 | 205
월화수목금금금 | 210
한번 해봐? | 213
끝이 보여 | 221
멀고도 험한 길 | 231
보수는 적지만 정년이 보장된 직업 | 235
감사합니다 그리고 고맙습니다 | 241

에필로그

1장

First Age

직업상담사 해보실래요?

2009년 12월은 유난히 추운 겨울이었다. 2년제 전문대학교를 졸업하고 3년간의 길고 긴 구직활동을 했지만, 이태백에 속한 한 사람으로 '채용전형에 합격이 되셨습니다.' 결과가 없었던 난 여전히 진로에 대해 고민이 많았다. 마침, 중학교 때부터 친하게 지내던 친구도 4년제 대학을 졸업하고 취업준비에 부단히 노력했음에도 불구하고 채용전형에 불합격하여 서로 자주 만나며 고민을 나누기도 했다.

어느 날 나에게 "성우야, 청년층 대상으로 진행하는 집단상담 프로그램이 있는데 들어볼래?" 권유에 4일간 진행되는 CAP 플러스 프로그램에 참여하게 되었다.

평소 수줍음이 많고 낯을 가리는 성격이라 처음 보는 사람과 한 공간에 있는 것이 힘들었지만 '취업에 도움이 되지 않을까?'

생각에 젖어 있을 때쯤, 햇살처럼 말갛게 웃는 표정을 하며 한 분이 들어오셨고 맑은 목소리와 자연스러운 몸짓은 모든 교육생의 시선이 한곳으로 쏠렸다. 오늘부터 4일간 집단상담프로그램을 함께하게 된 교육 진행자라며 우리에게 인사를 하셨고 자리에 앉아 있는 모든 교육생에게 간단하게 자기소개를 요청하셨다. 문득, '내 소개를 뭐라고 할까?' 기업에 면접 보듯이 '상대방을 즐겁게 하는 재주를 가진 박성우입니다.'라고 할까? 그러면 '또 즐겁게 해보라고 하지 않을까?' 생각하고 있었는데 나와 함께 참여한 친구가 먼저 자기소개를 했고 나도 똑같이 따라 하며 상황을 마무리했다.

강사님은 적막한 분위기를 밝은 분위기로 바꾸기 위해 그룹 활동으로 우리를 이끌어 주셨고 집중력이 흐트러질 때면 본인의 학창 시절, 가족과의 일상생활, 대학 졸업 후 기업 면접 불합격 사례 그리고 우연한 기회에 교육 강사 업무를 시작하게 된 이야기를 전하며 교육생들이 공감해 줄 수 있는 주제로 프로그램을 계속 이어나가셨다. 나의 최대 고민 중 하나였던 '서류는 통과하는데 면접에서만 탈락하는 이유가 무엇일까?' 원인을 알고 싶어 교육에 참여한 목적이 있었기에 개별상담을 통해 물어볼 계획이었다. 2일 차 교육은 교육생들과 미리 인사도 하며 첫날보다 더 밝은 분위기로 이어졌고 교육 마지막 날에는 친화력이 강한 사람들과는 서로 연락처를 주고받는 모습도 볼 수 있었지만 나는 지켜보기만 했다.

4일간 교육을 진행한 강사님은 시간이 조금 남아 있었는지 짧은 시간이지만 1명씩 개별상담을 해주셨고 내 차례가 오면 미리 준비했던 '면접에서 탈락하는 이유가 무엇인지?' 내가 고민하고 있던 질문에 대한 답변, 외모, 복장, 사투리 등 허심탄회하게 물어보고 피드백을 받고 싶었다.

　강사님은 나의 얘기를 경청하며 공감대를 형성해 주셨고 본인의 생각을 전해주시면서 "잘하고 계세요. 지금처럼 자신감을 가지고 소신 있게 답변하시면 좋은 결과를 얻게 될 거예요." 피드백을 해주셨는데 정답은 아니기에 더욱 고민이 깊어졌다.

　그러면서 나에게 대뜸, "성우 님, 혹시 직업상담사라는 직업을 들어보셨나요? 4일간 교육을 진행하면서 제가 느꼈던 이미지는 차분한 성격을 지니며 상대방과 대화할 때 말의 전달력이 좋다는 느낌을 받았어요. 자격증을 취득하고 취업하기까지 소요 기간이 길어질 수 있겠지만 잘하실 것 같아요. 한번 도전해 보시는 건 어떨까요?" 권유하셨고 난, 집에 돌아가서 진지하게 생각해 보겠다고 말씀드리며 수료증 발급으로 모든 교육이 끝이 났지만 진로에 대한 고민은 더욱 깊어졌다.

직업상담사 하지 마세요

성우야.

너를 생각하니 갑자기 '깨돌이'라는 단어가 생각난다. 길쭉한 얼굴에 작은 눈, 그리고….

1학년 때부터 열심히 하는 학생이라는 인상이 가졌었는데 생각보다 성적이 나오지 않아 담임으로서 안타까웠다. 성적이 인생의 전부는 아니지만, 행복한 내일을 위한 하나의 수단은 된단다. 고등학교 때는 좀 더 열심히 해서, 3년 후에는 후회 없는 얼굴로 웃으며 졸업을 맞이하길 바란다. 이번 방학 잘 보내고, 즐거운 성탄절이기를….

중학교 졸업 전 담임선생님께서 주셨던 편지를 지금도 간직하고 있다. 그리고 친구들이 바라본 나의 모습은 '단순하고 착하다.', '썰렁한 말을 잘한다.', '재미있다.', '마음이 따뜻하고 이해심이 깊다.', '청소를 잘한다.'였는데 '제발 공부 좀 열심히 해라.'는 얘기가 가장 많기도 했다. 그리고 나에게 집단상담프로그램을 권유했던 친구는 '공부는 잘하지 못해도 장난기가 있고 자기 일을 열심히 하는 네가 좋아. 고교생이 되어서는 한층 성숙한 모습으로 만나길 바란다.'라는 모습으로 기억을 해주었다.

 내가 고등학교 진학했을 당시에는 3년간의 내신성적으로 인문계와 실업계(특성화고등학교)로 진학하였고 성적이 좋지 않았던 나로서는 고등학교의 선택사항은 없었다. 중학교 2학년 겨울방학 때 일이었다. 친구를 만나 놀다가 평소처럼 집으로 돌아오는 길에 『부산일보』 신문 보급소를 지나갔었는데 신문배달원 모집 안내문을 보고 무작정 사무실에 들어가 한 달에 5만 원을 받으며 방과 후에 돈을 벌기도 했고 보급소 소장님의 요청에 친한 친구들 3명을 꾀어 배치된 지역구에 신문을 돌리는 엉뚱한 행동을 했었다. 담임선생님께서는 고등학교 진학상담 때 어머니에게 내가 신문 배달하는 행동이 학업에 영향을 미친다고 생각해 당장 그만두도록 권유하셨고 그날 저녁 내가 이런 일을 하는 줄 몰랐던 어머니께서는 다른 말씀은 하지 않으시며 남은 학기 동안만이라도 성적을 올릴 수 있게 노력하라고 말씀하셨다.

 그러나, 진학상담 이후에도 신문 배달은 계속했고 저녁에는 단과학원에 다니며 공부했으나 시험 성적은 오르지 않아 결국, 특성화고등학교에 진학했다. 입학원서에 학과를 선택하는 과정에서 기술을 배우자는 생각에 자동차과를 지원했는데 그것도 경쟁자가 많아서 떨어졌고 후 순위로 적은 화공과에 입학하게 되었다. 특성화고등학교를 진학한 뒤에도 마음가짐을 단단히 먹고 상위권 성적을 올리고자 나름 부단한 노력과 각오를 다졌으나 항상 중간 정도의 성적을 유지하면서 있는 듯 없는 듯 조용하게 학교생활을 하며 3학년에 진학하게 되었다. 당시에는 IMF 외환위기로 제주도 수학여행도 가정통신문에 반대의견이 많아 취소되기도 했고 대학진학이 아닌 취업을 먼저 하려는 친구들이 많았다.

여름방학이 끝나고 2학기가 시작되면서 상위권 성적을 유지하던 친구들은 하나둘 기업체에 채용되어 출근하는 일들이 늘어났고 교실 수업 분위기도 점차 달라지기 시작했는데 하루는 담임선생님께서 나를 교무실로 부르더니 아주 먼 길을 달려 근로자 수가 적은 자동차 제조업체에 나를 데리고 가셨다.

'화공과인데 왜, 나를 자동차 제조업체에 데리고 가셨을까?'

이유도 제대로 듣지 못한 채 남은 학기 동안은 학교가 아닌 왕복 4시간 정도 소요되는 양산 덕계에 위치한 자동차 제조업체에서 현장실습을 시작하게 되었다. 처음 1년 정도는 돈을 벌 생각이었는데 근무하고 계시던 형님들은 나에게 대학진학을 권유했고 어린 나이였기에 어른들의 말씀을 따라야 한다는 생각에 수능을 치르지 않고 특성화고등학교 특별전형으로 대학진학 희망사항을 담임선생님께 말씀드렸다. 학창 시절부터 요리에 관심이 많아 경남정보대학교 식품영양학과와 동명대학교 식품가공학과에 원서를 접수했으나 탈락하고 마지못해 담임선생님의 권유로 한국폴

리텍대학 창원캠퍼스 환경화학과로 입학했다.

사실, 여기도 정시 합격이 아니었고 최초입학 한 1명의 학생이 한 달도 되지 않아 학업 포기로 급하게 한 자리가 공석이 되어 추가 합격이 되었고 한 달 늦게 입학한 상황이라 기숙사 사용도 불가하여 한 학기 동안은 집에서 창원까지 2시간 거리를 매일 통학하며 다녔다.

2년제 전문학사과정으로 인문계 고등학교 졸업생과 특성화고등학교 졸업생 비율이 비슷했는데 이론보다는 실습이 반영된 수업 구성이 높아 첫 학기는 특성화고등학교 졸업한 친구들이 학점이 높았으나 시간이 흐른 뒤 인문계 고등학교 졸업한 친구들의 학점이나 자격증 취득비율이 훨씬 좋았다.

결국, 전공과 관련된 산업기사 자격증을 취득하지 못한 채 전문학사학위로 졸업을 했고 오랜 기간 구직활동을 하며 30대에 접어든 시점에 이력서에 유일하게 적을 수 있는 자격증은 운전 면허증, 화학분석 기능사, 양식조리 기능사, 사무자동화 산업기사였다. 운전 면허증은 있으나 차량을 소지하지 않았고 화학분석 기능사는 특성화고등학교를 졸업하면서 의무적으로 주어지는 자격증이며 양식조리사는 식품영양학과에 진학하지 못해 20대 중반 아르바이트를 하며 받은 월급으로 조리학원에 등록해 취득한 자격증이었다. 그리고 사무자동화 산업기사는 당시에 청년 구직자라면 의무적으로 취득하는 자격증이었기에 대부분 소지하고 있었다.

지난 3년간 100곳이 넘는 기업에 입사지원을 하고 10번 남짓한 대기업, 중견기업 최종면접의 경험과 다양한 직종의 아르바이트 경력이 분명 도움이 될 것으로 생각했다. 하지만, '학력과 업무 경력이 없는 내가 직업상담사를 할 수 있을까?' 생각하며 정보검색과 서점을 방문하여 교재도 훑어봤다. 20~30% 실기 합격률을 보고 나서 다시 한번 생각에 잠겼는데 돌파구가 필요했고 처음 접하는 학습에 독학으로 준비하기에는 부담되어 내일배움카드 발급신청을 하기 위해 고용복지플러스센터에 방문했다.

상담창구에는 중년의 남성분이 앉아 있었고 내가 자리에 앉으니 신청서를 주셔서 항목에 적힌 내용을 작성하고 있었는데 상담사께서 발급신청 이유를 물어보셨다. 난, '직업상담사 2급 자격증 취득목적'을 말씀드리니 "남자분이 직업상담사를 왜 하세요? 대부분 여성분이 하는 직업이고 선생님께서 하시기에는 급여도 적고 오랫동안 하기에는 힘든 직업인데, 기술 분야 배우시거나 다시 한번 생각하는 것도 좋을 것 같다."라고 말씀하셨다.

당황스러웠다. '내가 선택한 결정이 또 잘못됐나?' 생각하면서도 상담사에게 구체적인 이유를 묻지도 않은 채 발급신청을 끝내고 급히 자리에서 일어났다.

'직업상담사를 해보라고 해서 왔는데 직업상담사를 하지 마라?' 당시에는 온라인 플랫폼 문화가 발달 되지 않은 시기라 자격증 합격률 외에 자세한 정보를 찾기 어려운 이유도 있지만, 만약, 상담창구에 계셨던 상담사의 말 한마디로 다른 결정을 했더라면 지금 무엇을 하고 있을까?

직업상담사 시험이
어려웠던 이유

    2010년 1월, 내 인생의 전환점이 될 첫 수업이 시작되었고 훈련기관 건물에는 공무원 학원도 함께 있어 이른 오전 시간인데도 사람들로 인산인해였다. 정시에 도착하는 바람에 조용히 교실에 들어가니 20명 내외의 교육생들이 수업을 기다리고 있었고 뒷줄이 아닌 맨 앞줄 그것도 교탁 앞에 있는 자리에 앉게 되면서 '수업 중에 나에게 질문은 하지 않겠지?' 엉뚱한 상상을 했다. 잠시 후 교육 담당자분께서 들어오셨고 1시간 동안 교육과정에 대한 전반적인 설명을 한 뒤 본격적인 수업이 시작됐다.

    60세도 넘게 보였던 훈련 강사님의 첫인상은 학창 시절 봤었던 교장 선생님의 전형적인 모습이었고 중요한 내용은 칠판에 적으시면서 50분 수업, 10분 휴식을 정확하게 지키며 수업을 진행하셨다.

오랜만에 책상에 앉아 처음 접하는 학자들의 내용을 보려 하니 졸음은 밀려오고 집중력이 금세 흐트러지기 시작하면서 하루 3시간을 2개월간 출석하는 것이 힘들게 느껴졌다.

　그리고 당시에는 소득이 없었기에 오전에 시작한 수업이 오후에 끝나면 편의점에 들러서 대충 끼니를 때우고 대출 전단 아르바이트를 하며 용돈을 벌곤 했는데, 항상 훈련기관 앞에 본인 차로 나를 태우러 오셨다. 세대수가 많은 아파트 지역에 도착하면 엘리베이터를 타고 맨 고층에 올라가 계단을 타고 내려오면서 현관문 사이에 전단을 살짝 비치하는 업무였는데 아무래도 신축 아파트로 가는 경우가 많았고 비밀번호가 있는 경우에는 밖에서 기다렸다 나가는 사람 또는 들어가는 사람을 따라갔다. 그리고 가정에서 반려견을 키우면 내 발걸음 소리로 짖는 경우가 있었고 전단을 비치하는 순간, 문을 열고 나오는 집 주인과 마주쳐 도둑으로 오해를 받기도 했다. 하지만 이 일은 오래 하지 못했던 이유는 내가 전단을 비치했던 세대에 한 통의 연락이 오지 않아 제대로 하지 않았다고 생각했는지 내일부터 나오지 말라고 해 끝이 났다. 아무래도 하루 2~3시간 약간의 노동이 있어 체력적으로 힘이 들었고 집에 돌아와 복습하는데 집중력이 흐트러져 있어 합격할 때까지 공부에만 전념하자고 생각했다.

　훈련기관에서 수업하며 느낀 건 학력이나 나이 제한이 없어 응시자는 많으나 합격률이 낮았던 이유는 평소 접하지 않은 내용으로 전문적인 용어를 학습하고 이해하는 데 시간이 다소 소요되는 점이라 생각했다.

2007년 11월 사무자동화 산업기사 자격취득 이후 3년 만에 국가기술 자격시험을 앞두고 긴장되었다. 지금은 CBT 시험으로 현장에서 결과를 바로 알 수 있는데 당시에는 시험 응시 후 2주 뒤에 합격 여부를 확인할 수 있었다.

물론 시험 응시 후 직업상담사 카페에 가 답안이 올라와 응시표 하단에 적어놓았던 답안을 맞춰볼 수 있었고 기출문제를 여러 번 훑어보며 높은 점수는 아니라도 60점 이상은 넘을 것으로 예상했다. 그리고 긴장을 하면 커피를 자주 마시는 습관이 있는데, 이날도 긴장을 풀고자 시험 전 캔 커피 3개를 마셨던 것이 화근이 될 줄은 몰랐다.

시험지를 받은 뒤 지문을 읽으며 천천히 풀어나가기 시작했고 직업상담학과 직업심리학 두 과목을 풀면서 안정감이 생기며 직업정보론 문제로 넘어가며 오로지 문제에만 집중했다.

그런데 시험 전 마셨던 커피음료 생리현상 반응이 점점 오기 시작했고 문제를 풀며 답안을 작성하는 데 집중할 수가 없었다. 조용히 손을 들고 있으니 시험감독관이 다가왔고 난, "지금, 소변이 급해서 화장실을 잠시 다녀와도 될까요?" 요청했다. 하지만 감독관은 나에게 "시험 중에는 이동하실 수가 없다."라고 말씀하시며 조금 더 참아보며 문제를 푸는데 노동시장론 문제를 넘어가면서는 더는 참을 수 없어 노동시장론, 노동관계법규는 눈에 익히는 답안을 OMR카드에 체크를 하고 빠르게 답안지를 제출하고 시험장을 나왔다.

 어느 정도 예상은 했지만 결과는 정확했다. 필기시험 불합격을 확인하면서 '한 번 더 도전할까?' 아님 '다른 일을 해볼까?' 생각을 잠시나마 했는데 집단상담프로그램을 함께 참여한 친구는 필기시험 합격하고 실기시험 준비를 했기에 나에게 위로와 격려의 말을 하며 재도전하도록 권유했다. 결국, 나는 다시 필기시험을 친구는 실기시험을 각자 준비하였고 거주지 인근에 있는 대학교 도서관에서 시험 준비를 다시 시작했다. 벚꽃이 지고 서늘한 바람이 부는 5월은 내 마음속 어떠한 감정도 들어오지 않았고 오로지 합격만을 생각했다.

 두 번째 시험은 한 번 응시했던 경험과 똑같은 시험장소라 긴장은 덜 되어 편안한 마음으로 시험장에 도착할 수 있었고 실수를 반복하지 않으려 커피나 물을 전혀 마시지 않았다. 익숙한 내용의 문제들이 출제되어 신중하게 OMR카드에 체크를 하고 시험장을 나왔고 집에 돌아와 가 채점을 해보니 실수만 없다면 합격은 가능했기에 미리 실기시험 준비를 했다.

 예상한 대로 필기시험은 합격했고 실기시험은 합격률이 아주 낮아 혼자 공부하는데, 자신이 없어 내일배움카드로 실기 수업을 등록했다. 필기 수업과 다르게 한 달 보름 정도의 짧은 과정이었고 중년 여성의 훈련 강사님이 들어오시면서 수강생의 필기점수 또는 첫 번째 도전인지, 두 번째 도전인지를 확인하면서 본인 소개 후 수업이 시작되었다.

실기시험은 노동관계법규를 제외한 네 과목에서 18문제가 출제되며 단답형 또는 장문의 서술형으로 작성해야 했다. 당시 시험지는 서울 또는 수도권에 있는 교육대학원 심리상담학과 교수와 대학원생이 직접 채점하여 점수를 산출한다는 얘기가 들렸고 점수만 공개되고 본인이 작성한 내용과 문제의 점수 배점은 비공개로 진행되기에 1점이라도 받기 위해 어려운 문제라도 비워두지 말고 작성을 하라고 하셨다. 교재에 있는 내용을 학습하고 최근까지 출제가 된 문제의 모범답안을 비교하는 수업으로 진행되었는데 일주일이 지나면서 문득, 새로운 학습이 아닌 문제와 답안을 작성하는 시간으로 수업이 진행된다면 매일 훈련기관과 집으로 이동하는 시간이 비효율적이라는 생각을 하게 되었고 고민에 고민을 거듭하여 2주가 지난 시점에 훈련기관 담당자에게 교육수강을 포기하겠다고 말씀드렸다.

다음 날, 필기시험 준비와 똑같은 패턴으로 거주지 인근에 있는 대학교 도서관으로 갔다. 당시에도 청년 취업문제가 심각했는데 재학생 외에도 중·장년 또는 취업준비생이 다수 있었고 책상에 보이는 다양한 수험서를 보며 긴장의 끈을 놓지 않았다. 사람마다 각자의 루틴이 있는데 '온종일 공부한다고 가정하면 집중하는 시간은 얼마나 될까?' 나 역시 아침 일찍 도서관에 도착해 저녁까지 책상에 앉아 있더라도 집중할 수 있는 시간은 고작 3시간 정도였던 것 같다. 한 달 정도 남은 기간까지 기출문제와 모범답안을 보며 손목이 쥐가 날 정도로 적고 또 적었고 내용의 이해보다 암기하며 똑같은 패턴으로 반복했다. 올해 두 번의 기회는 있었지만 두 번 칠 시험은 아니라 생각했고 시험 응시 전까지 그 누구와도 연락하거나 만나지도 않으며 합격만을 생각했다.

실기시험은 오후에 응시하게 되어 오전에 한 번 더 복습할 수 있는 충분한 시간이 있었고 시험장 주변 대학교 도서관에 도착해 마무리 복습하며 시험을 응시했다. 최근에는 대학교 도서관을 이용한 적이 없어 모르겠지만 학생증 없이도 이용할 수 있었던 그때의 시스템이 좋았다. 다행히 최종합격 노력의 결실을 얻게 되어 샤우팅은 지르지 않았지만 30대의 첫 시작을 잘할 수 있겠다는 생각을 하게 되었다.

직업상담사 자질이
없는 것 같네요

　가을낙엽이 떨어지고 차디찬 바람이 부는 초겨울 날씨는 한 해를 정리하고 새해를 맞이하는 직장인들과는 달리 나에게는 직업상담사 구직활동을 하는 시기였다. 매일 눈을 뜨면 채용공고를 탐색하며 요건에 해당할 경우 지원서를 제출하며 하염없이 연락 오기만을 기다리는 상황이 반복되었다. 필수 자격증인 직업상담사 2급과 사무자동화 산업기사를 소지하여 지원자격에 결격사유는 없다고 생각했는데 다만, 학사 졸업이 아닌 전문학사 졸업이라는 점과 업무와 무관한 환경화학과 전공자로 채용이 쉽지 않을 거라 예상했다.

　며칠 후 직업전문학교 담당자로부터 연락을 받고 다음 날 긴장된 상태로 면접 장소에 도착했는데 다른 사람은 보이지 않아 혼자 멀뚱히 앉아 있었다. 당시에는 남성 직업상담사 수가 적어 희소가치가 있었고 '전공과 다른 분야로 업무를 하려고 하는 이유가 무엇인지?', '여자친구가 있는지 또는 결혼은 언제 할 계획인지?' 업무와 무관한 질문에 어떻게 답변을 했는지 기억이 잘 나지 않았는데 기분은 썩 좋지 않았다. 서비스 분야와 관련된 아르바이트 경력으로 고객 응대에는 자신이 있었는데 돌이켜 보면 신입으로서의 전문성이나 상담 프로세스의 운영계획에 적절한 답변을 하지 못해 불합격이라는 결과를 가져오게 되었다.

부족했던 부분이 무엇인지 생각하며 두 번째 기회를 얻고자 기다리는 도중에 취업 성공패키지 사업을 수행하는 민간기관에 연락을 받고 다음 날 시간에 맞추어 도착했다. 학창 시절 친구들과 자주 놀았던 지역이고 거주지와 그리 멀지 않았던 곳이라 예정된 시간보다 일찍 도착했고 잠시 후 대표자와 본부장 두 분의 참석 하에 면접을 진행했다.

'특성화고등학교를 졸업하고 2년제 전문대학교에 진학하게 된 이유가 무엇인가요?'

'아르바이트를 다양한 직무로 하셨는데 가장 기억에 남는 일이 있다면 무엇인가요?'

'늦은 나이에 직업상담사를 시작하게 된 이유가 무엇인가요?'

질문은 본부장께서 하셨고 어느 정도 예상했던 질문이었기에 소신껏 답변했다. 잠시 후 면접이 마무리될 무렵 지금까지 경청만 하고 계셨던 대표님께서 나에게 "박성우 씨는 인상이 좋지 않아 방문하시는 구직자께서 불편함을 느낄 수도 있어요. 말투도 상담사로서 듣기 좋지 않아요. 채용 여부를 떠나 다른 기관에 면접을 보게 되더라도 사전 준비를 잘하여 주시기 바랍니다."

잠시 후 면접이 종료되고 밖을 나와 20여 분 동안 한 곳에 움직이지 않고 멍하니 서 있었다. 지금까지 살아오면서 타인에게 한 번도 들어보지 못한 충고 아닌 조언이라 충격이 컸고 버스를 타고 돌아오는 아주 짧은 시간 동안 지금까지 살아왔던 삶을 잠시나마 돌이켜 보았다.

그날 이후 한동안 '인상을 좋게 하는 방법이나 타인에게 듣기 좋은 말투는 무엇인지?' 정보를 찾기도 했는데, 내가 가지고 있는 모습을 그대로 보여주자는 결론을 내렸고, 면접을 보기 위한 구직활동을 계속 진행했다.

매년 크리스마스가 되면 케이블 채널에서는 「나 홀로 집에」 시리즈를 방영한다. 나는 나이가 한 살 먹는데, 주인공인 케빈은 여전히 어릴 때 그대로의 모습으로 도둑을 물리치는 장면이 통쾌하기도 하며 '나의 어릴 때 모습은 어땠을까?'라는 상상을 하기도 했다. 집중력이 부족하고 장난을 좋아하며 성적이 좋지 않아 가정에서 부모님의 지도편달이 필요하다는 담임선생님의 가정통신문을 보며 '사람은 환경과 직업적인 요인에 따라 성격이나 성향'이 변한다는 것과 전문적인 서비스업은 아니지만 고객을 응대하는 업무를 오랫동안 하며 사람을 만나고 대화하는 것에 거부감이 없었기에 직업상담사 업무를 1년이라도 해보자는 생각에는 변함이 없었다.

　며칠 후 고용복지플러스센터 고용서비스 인턴직 모집공고를 보게 되었다. 당시에는 민간기관에 근무하려면 자격증 소지자는 채용전형에 결격사유가 없었는데 현장에서는 상담과 성과를 중요하게 생각했기에 업무 경력이 있는 지원자를 채용하는 흐름이었다. 그래서 경력이 필요하였고 최저임금 급여였지만 온라인으로 입사지원을 했고, 서류합격 통보 후 면접을 보러 갔다. 1년 전 내일배움카드 발급을 신청하러 갔었던 장소에 면접자로서 방문은 느낌이 남달랐고, 총 17명의 인원을 채용예정이라 오전과 오후 각각 면접이 진행되었다. 얼마나 많은 지원자가 왔는지 알 수 없었지만, 채용절차의 공정화에 관한 법률 때문인지 남성이라는 희소가치 때문인지 모르겠지만 최종합격 통보를 받고 2011년 1월 17일 구인 상담원 1년 계약직으로 직업상담사의 첫 업무가 시작되었다.

직업상담사의 하루
그리고 240시간

　출근 첫날, 부산 본청에 도착하니 채용전형에 합격자분들은 한 자리에 모여 있었다. 잠시 후 직원분께서 들어오셔서 근로계약서를 작성한 뒤 근무하게 될 부서를 각각 지정해 주셨다. 나를 포함한 4명은 취업지원과에 배치되어 구인 상담원의 업무를 부여받아 시작했는데, 구인등록 되어 있는 기업에 구직자 채용 여부를 확인하고, 구인 마감처리를 하거나 재연장을 하는 것이었다. 그리고 구직등록 된 구직자의 희망직종과 일치한 구인기업이 있다면 구직자에게 먼저 연락해 지원 의사를 확인한 뒤 연결하는 업무도 병행했다. 그 외 합격자는 다른 부서에 배치받아 업무를 했는데, 점심시간 외에 자주 마주치는 일은 없었지만 가장 많이 방문하는 실업급여, 내일배움카드, 취업상담 안내창구에는 하루 2시간씩 교대하는 과정에서 짧게나마 서로 간단한 안부를 물어보며 친밀감을 형성하기도 했다. 계약직으로 근무하며 나에게 과중한 업무는 부여되지 않았고, 근무하고 계시는 공무원, 무기계약직 담당자분께서는 적응을 잘할 수 있도록 애써주시기도 했다. 그리고 한 달이 지났을 무렵에는 취업지원과 팀장님께서 인턴들에게 멘토, 멘티, 제도를 적용하여 업무처리에 궁금한 점은 상담 경력이 있는 상담사에게 물어보며 실수하지 않도록 배려해 주시기도 했다. 하루에 한 번 안내창구에 있으면 여러 상황을 목격하게 되는데 센터 내 배치도를 파악한 뒤 방문하신 민원인에게 번호표를 뽑아 드리며 상담창구로 안내하면 무슨 이유인지는 모르겠지만 언성이 높아지는 일이 잦았고, 때로는 나에게 무조건 해결해 달라는 난처한 상황도 있었다.

무더운 여름날 오후, 점심을 먹고 1층 안내창구에 업무를 보고 있었다. 멀리서 걸어오는 20대 중후반의 남성은 깔끔한 정장을 차려입고, 한 손에는 서류 가방을 쥐고 나에게 다가왔다. 평소처럼 '몇 층에 가시면 됩니다.'라고 답변을 준비하고 있었는데, 명함을 건네면서 "현재 카드사 신입사원으로 이번 주 내 신규 고객 목표를 채우지 못하면 업무를 더는 할 수 없는 상황이 될 수도 있는데 도와주시기 바랍니다." 하는 거였다. 난, "선생님, 저는 여기 공무원이 아니라 계약직 직원으로 당장 카드를 만들기에는 소득이 낮아 어렵다."라고 전했다. 오히려 4대 보험이 적용되어 근무하고 있다는 얘기를 듣고 물러서지 않고 계속 권유를 하였고, 시간이 지체되는 게 불편해 얼른 카드신청서에 서명하고 돌려보냈다. 나

중에 알게 된 사실은 해당 직원은 각 층에 안내창구 직원에게 카드발급을 권유했고 몇 개의 신규발급신청서를 들고 사무실로 복귀했을 것이다.

구인 상담원 업무를 하며 구인업체가 등록한 모집직종과 구직자가 신청한 희망직종이 같다면 연결하고 면접을 볼 수 있게 노력하면서 하루에도 수십 건의 구인등록과 구직등록이 된다는 사실에 놀라우면서도 채용시장의 흐름은 과거나 현재에도 심각한 사회문제가 된다는 생각을 다시 하게 되었다.

업무를 시작하고 한 달이 지났을 무렵, 같은 부서는 아니지만 나를 포함한 3명의 남성이 있었는데 2명이 한 달 단위로 퇴사를 하게 된 것이다. 1명은 채용 전부터 준비했던 공기업에 채용확정이 되어 퇴사했고, 또 다른 1명은 낮은 급여와 민원인 응대하는 것이 본인 적성에 맞지 않는다고 하였다. 사실, 나 역시도 최저임금을 받으며 근무를 했을 당시에는 학점은행제로 사회복지학 학사과정을 이수하고 있었고 학비에 보탬이 되고자 주말에는 주유소 세차장 아르바이트를 병행하며 1년 경력을 채운 뒤 민간기관 이직목표를 세워 어려운 상황에서도 최선을 다하려 노력했다.

구인 상담원으로 업무를 한 지 3개월이 지났을 무렵, 센터 내 취업 성공패키지 무기계약직 채용공고를 확인했다. 함께 근무하는 직원분께서는 나를 포함한 계약직으로 근무 중인 인턴들에게 자격요건이 된다면 지원을 해보도록 권유하셨고, 올바른 행동인지는 살짝 고민했으나 서류합격이 되어 업무를 보는 중간에 양해를 구하고 면접을 보게 됐다.

　상황 대처능력 부족과 생각이 짧았던 난 대기실에서 면접 진행을 안내하는 직원분과 오래전부터 알고 지낸 것처럼 대화하며 다른 지원자가 보기에 좋지 않은 행동을 하였고 면접장에 들어가서는 면접관으로 앉아 계시는 취업지원과 과장님의 주어진 질문에도 제대로 답변을 하지 못한 채 서둘러 나왔다.

　지금도 기억나는 질문 중 한 가지를 말하자면 "해당 부서에 근무 중에 면접을 보러 온 자세는 올바르지 못한 행동으로 보는데 어떻게 생각하나요?" 첫 단추부터 제대로 끼우지 못했고 시간은 순식간에 지나가 이틀 후 예상대로 불합격을 확인한 뒤 다시 일상으로 돌아와 정해진 업무를 했다. 당시 상황을 돌아보면 답변을 적절하게 하고 합격이 되었다면 지금도 상담창구에 앉아 구직자에게 정보를 제공하고 취업을 연계하는 상담업무를 하는 모습을 그려볼 수 있지만 내가 얻은 기회를 스스로 걷어찼고 구체적인 업무 내용도 제대로 파악하지 못했기에 아쉬움보다는 직업상담사로 다양한 업무를 수행하고 경력을 계속 유지하고 있기에 후회는 없다.

　구인 상담원으로 근무하기 전, 학점은행제 사회복지학 학사과정을 수강하고 있었고, 직업상담사 자격증 소지로 과목을 면제받아 1년 6개월 과정으로 진행했다. 이론 과목은 주중이나 주말에 등록된 온라인 수업을 듣고 중간고사와 기말고사 시험을 응시하며 학점관리에도 노력했다. 그런데 가장 중요한 현장실습을 완료

해야 했는데 지금은 160시간이지만 당시에는 120시간으로 평일 직장을 다니는 나로서는 부득이하게 주말 현장실습을 해야 했고, 실습 기관을 직접 알아보고 정해야 하는 어려움이 있었다. 처음에는 지인 소개나 사회복지사 카페를 검색하여 찾아보기도 했는데, 다행히 거주지와 멀지 않은 곳에 있는 지역아동센터를 찾았고, 소정의 실습비용을 내고 중학생과 고등학생 대상으로 진로지도 현장실습을 시작했다.

  실습 일지를 작성하고, 원장님께서 요청하신 보조업무를 수행하며 갓 서른을 넘긴 나에게 무리한 업무를 주시기보다는 편안함으로 적응할 수 있는 시간을 주시면서 지역아동센터에 있는 학생들과 상담하는 것이 주된 업무였다. '현장실습이 힘들고 일이 많아요.', '현장실습 일지를 작성하면 다시 하라고 하세요.' 카페에 등록된 푸념들은 나에게는 해당 사항이 없었고, 그렇게 120시간을 채운 뒤 서류발급을 받기 위해 월요일 퇴근 후, 원장님을 만나러 지역아동센터로 향했다. 그런데 현장실습을 하며 한 번도 뵙지 못한 분들이 모여 있는 광경을 목격했고, 얘기를 들어보니 지역아동센터를 운영했던 원장님의 자격요건에 문제가 발생하여 나를 포함한 실습생분들이 현장실습 시간을 인정받을 수 없는 상황이었다. '정규대학이었다면 지정된 기관에서 안정적으로 이수를 했을 텐데….' 자발적으로 알아보는 과정에서 잘못된 건 오로지 나의 책임이었고, 구제방법이 없었기에 결국, 다시 120시간을 이수하기 위해 두 번째 현장실습 기관을 찾기 시작했다.

두 번째 현장실습 기관은 노인보호 전문기관으로 학대나 방임으로 어려움을 겪고 있는 어르신의 자택에 방문하여 도움 줄 수 있는 것이 무엇인지를 확인하거나 함께 재미있는 시간을 보내는 것이 나의 역할이었다. 역사와 전통이 있는 복지기관으로 실습생을 담당하는 여성 팀장님은 4년제 대학교 사회복지학과 졸업으로 사회복지사 1급 취득 후 첫 직장이 현재 근무하고 있는 노인보호 전문기관으로 학력과 경력사항이 출중했고 두 번의 실수는 없을 것으로 생각했다. 오히려 체계적이고 꼼꼼한 업무처리 방식에 현장실습 일지가 잘못된 사항이 하나라도 발견되면 즉시 수정을 할 수 있도록 조언을 해주시며 올바른 현장실습이 될 수 있게 10여 명의 현장실습생을 지도해 주셨다. 기억에 남는 활동을 얘기하자면, 노인보호 전문기관 직원분과 현장실습생분들은 주말마다 어린이대공원과 아쿠아리움 그리고 달맞이고개를 함께 이동하며 간단한 신체 운동과 맛있는 음식을 먹고 사진 촬영과 노래를 부르며 외부활동을 했다. 어린 시절에 할머니와 함께 보냈던 추억이 없던 나에게는 어색함이 밀려와 쉽게 다가가지 못했는데, 손주처럼 먼저 손을 잡아주시고, 말을 걸어주시며 편안하게 해주었던 점들이 기억에 오래 남아 있다. 그리고 그때는 3년 할부로 꽉 채운 경차를 구매했는데 나와 함께 이동한 노인보호 전문기관 직원분에게 "7년 전 면허증을 취득하고 오늘 처음 차량을 가지고 나왔어요." 말하니 조수석에 타자마자 문을 열고 내리려고 하는 걸 붙잡기도 했던 에피소드가 있었다.

이렇게 120시간이 아닌 240시간으로 현장실습을 마무리하며 학사학위 취득과 사회복지사 2급 자격증 발급으로 아주 길고 길었던 여정이 마무리되었다.

전국에 근무하고 있던 고용서비스 인턴 직원분들은 계약종료를 얼마 남지 않은 시점에 고용노동연수원 교육장에서 2박 3일 과정 직무교육을 참여하게 되었다. 남성 직업상담사가 적어 자기소개 또는 교육 시작 전 청일점인 내가 호명되어 답변하는 것이 부끄러우면서도 부담되었는데, 오로지 빨리 끝나길 만을 생각했었다. 오래전 일이라 잘 기억이 나지는 않지만, '직업상담원의 올바른 자세는 무엇인가?' 주제로 조금은 지루했는데 마지막은 레크리에이션 교육으로 시작은 무거웠으나 끝은 화려함으로 종료되었다.

나에게 소중한 사람

누구나 그러하듯이 20대 초중반에는 '내가 좋아하고 잘할 수 있는 직업이 무엇인지?' 알지 못했고 단순하게 아르바이트 홈페이지에 등록된 업무 내용을 보고 담당자에게 연락드려 면접을 보곤 하였다. 지금은 대부분 셀프주유소로 바뀌어 기름을 넣어주는 주유원을 보기 힘든데, 나의 20대 시절은 주유소와 편의점에서 또래의 친구들과 함께 근무하며 재미있는 시간을 보내었다. 지금은 연락하지 않지만 40대 나이가 되어 가정을 꾸리거나 어느 회사의 관리자 또는 자영업자로 업무를 수행하는 역할을 하고 있을 것이다. 내 나이 스물둘, 최저임금으로 편의점에서 근무하며 만난 사장님은 위니아만도 사업체에서 영업 관리를 하셨고, 첫 사업장을 운영하는 과정에서 나를 채용하게 되었다. 술과 담배 그리고 커피를 정말 좋아하셨는데, 나에게 고객 응대 방법과 매출 분석에 관한 내용을 상세하게 알려주셨고, 오전 또는 야간에 채용된 직원을 내가 매뉴얼에 맞게 교육 업무도 하도록 해주셨다.

때로는 월 매출이 잘 나오면 술과 맛있는 음식을 사 주기도 하셨는데, 술을 마시지 않는 나에게는 "술이 참 다네."라고 하는 사장님의 말씀은 20년이 지난 지금도 이해하기 어려운 의미이지만 진솔한 이야기를 나눌 수 있는 자리는 좋았었다. 한번은 기분이 좋으셨는지 지금의 아내와의 결혼과정을 들려주셨는데 사내 홍보모델로 선정된 아름다운 외모를 지닌 은행원으로 결혼 승낙을 받기 위해 쌀 20kg을 어깨에 메고 장인어른 댁에 방문하여 "살면서 절대 밥은 굶기는 일이 없는 삶을 살아 보겠다."라고 하여 지금의 가정을 유지하고 있다고 말씀해 주시기도 했다.

그리고 지금은 로또복권 구매금액이 1,000원이지만 내가 근무했던 초창기에는 2,000원으로 청년보다는 수입이 있는 중·장년층 고객이 많으셨고, 이월도 자주 되어 토요일 오후 마감을 앞두고는 화장실 갈 시간도 없을 정도로 바쁜 시간을 보냈다. 그러면서 주변의 자영업을 운영하시는 사장님이나 고정고객과 인맥도 넓히는 경험을 하게 되면서 새로운 직업의 견문을 넓히고자 1년 6개월간의 근무를 마무리하며 다른 일자리를 찾기 위해 나의 여정은 다시 시작되었다.

20대 중반에는 조리사 자격증을 취득한 뒤 요식업에 종사하는 목표를 설정했다. 주유소에서 하루 8시간 근무하면 월 90만 원의 급여를 받았는데, 절반인 40만 원 비용을 내고 조리사 학원을 등록했다. 먼저, 강사님이 시범을 보이면 교육생들이 만드는 과정으로 당시에는 외모도 아름다우시고 요리도 잘하신다는 생각에 젊은 나이지만 내가 바라는 배우자의 가치관이 성립되기도 했다.

양식조리사 필기시험은 한 번에 합격했지만 실기시험은 두 번의 도전으로 어렵게 합격했다. 첫 실기시험 응시 후 불합격을 확인하고 한국산업인력공단에 전화해 "학원에서 배운 대로 똑같이 했는데 떨어진 이유를 모르겠다." 항의 아닌 불만을 제기했던 적도 있었는데 아무튼 자격증 취득으로 내가 일할 수 있는 자격을 가지게 된 것에 감사했다.

조리사 자격증 취득 후 처음 근무를 시작한 매장은 양식 전문 레스토랑으로 지금은 찾아볼 수 없는데, 부산에서만 두세 군데가 입점해 있었고, 서류와 면접을 거쳐 주방 직원으로 채용되어 첫 출근을 하게 되었다. 자격증만 있을 뿐, 식품영양학과 또는 호텔조리 전공자가 아니었기에 내부 시스템이나 조직문화에 대해 전혀 알 수 없는 상황이었고, 선임분께서 지시하는 대로 따라 하는 일들이 반복되었다. 나이를 불문하고 경력이 없어 밖에서는 '오빠야.' 소리를 듣는 나이 어린 선배에게 하루에도 수십 번의 핀잔을 들으며 버티는 생활을 했고, 평일 하루를 쉬고 주말을 포함해 하루 10시간이 넘는 시간을 온종일 서서 조리업무와 설거지를 하였다. 그리고 늦은 마감을 한 뒤 매장을 나오면 버틸 수 있는 체력이 없었고 '주말 없는 생활은 올바르지 못한 일이야.' 생각이 커 제대로 근무하지 못한 채 전화로 그만두겠다는 통보 했는데 지금도 채용담당자에게 미안한 마음을 가지고 있다. 마음을 추스르고 두 번째로 근무한 매장은 스파게티 전문점으로 요식업은 친밀감을 형성하기 어려운 구조인지 한 달이 지나도 나에게 주어진 업무는 설거지와 무거운 식자재만을 들어 올리는 일이 반복되었다. 그리고 남자 직원은 나 혼자로 휴식 시간에는 한정된 공간에서 의자에 앉아 있거나 잠시 누워 잠을 청하기도 했다. 그리고 마감 청소를 하고 있으면 "바닥이 미끄러우면 직원분들이 다치는 상황이 발생하니 진심으로 청소하는 자세를 가지면 좋겠어요."라는 말을 듣기도 했는데 기분이 나빴던 이유를 당시에는 알 수 없었다. 의지가 부족했고, 직업에 대한 자부심도 없고, 타인의 바라보는 시선과 나 자신이 원하고 바라는 것도 모른 채 도망치듯이 나왔고, 요리는 취미로만 하자는 결심을 하고 다시 새로운 직업을 찾기 위한 여정을 준비했다.

한 학기 남은 전문학사 졸업을 하기 위해 학업에 집중했고, 처음 입학했을 때 다가가기 어려웠던 학과 교수님과의 면담도 이제는 편안했고, 처음 만난 학우들과의 소통에도 어려움이 없었다. 단지, 졸업하는 것이 중요했고, 취업은 전공과 무관한 일을 해야겠다는 생각에 학점도 중요하지 않아 아무 생각 없이 다녔고, 졸업식에도 참석하지 않고 뒤늦게 학생처에 방문해 졸업장을 받고 학과 교수님께 마지막 인사를 드렸다.

2007년 2월, 난 취업을 열망하는 열정적인 백수 즉, 88만 원 세대로 주변의 친구들은 4년제 학사를 취득하고, 전공 분야 또는 다른 직종으로 구직활동을 했다. 서로 가까운 거리에 있어 자주 만나서 고민을 얘기하고, 해결책을 제시하는 시간보다 당구장이나 게임방에서의 함께 한 필요하면서도 의미 없는 시간을 보냈다. 그러면서 자주 만나 똑같은 얘기는 시간이 흘러 점점 횟수가 줄며 만남도 줄어들었다.

구직활동을 하며 항상 면접을 준비해야 했기에 저녁 시간에 일하는 곳을 찾아야 했고, 거주지와 20분 거리에 있는 주유소 직원 모집 구인공고를 보고 연락드린 뒤 면접을 보게 됐다.

면접을 보게 된 주유소 소장님도 회사에 소속된 직원이면서 개인사업자로 분류되어 나와 같은 시기에 사업장을 운영하게 되셨고, 75년생, 나보다 일곱 살이 많은 4년제 대학교 철학과를 졸업하고 식품 영업 직종에 오랜 기간 종사한 뒤 새로운 경력으로 고용시장에 진입한 푸근한 인상의 친형 같은 느낌이었다.

한 번도 얼굴을 찌푸리는 모습을 본 적이 없었고, 실수해도 화를 내시기보다는 격려와 지지를 해주시며 아르바이트생이 아닌 사람으로서 존중해 주는 모습이 감사했고 항상 '저녁은 먹고 왔는지?', '구직활동에 어려운 점은 없는지?' 물어봐 주셨다.

오전과 오후 그리고 심야에 근무하는 직원분들은 4년제 대학을 졸업했거나 재학 중이었고 건축학과, 전자과, 경찰행정학과, 사회복지학과로 나처럼 취업을 준비하거나 공무원이 되기 위한 최소한의 생계비를 벌기 위해 일을 하고 있었다. 심야 근무 직원을 제외한 대부분의 연령대가 비슷해 교대하거나 다른 직원의 휴무로 대체근무를 하는 날에는 스피커에서 흘러나오는 경쾌한 음악을 들으며 즐겁게 일을 했고, 평소보다 더 활기차게 고객 응대를 했다.

내가 일하는 야간에는 주변 상가나 거주하는 주민들에게 방해가 되지 않기 위해 부스에 마련된 카세트플레이어로 라디오를 들었는데, 이때 가장 인기 있는 노래는 빅뱅의「거짓말」이었고 나는 지드래곤의 스카프 패션을 모방하기도 하고 원더걸스의「Tell me」노래의 춤을 따라 하며 지나가던 버스에 앉아 있는 승객과 눈이 마주쳐 웃지 못할 광경이 일어나기도 했다.

그리고 주변에 거래하는 공공기관 또는 기업이 많았는데 주유 하는 동안 한두 마디 정도는 하는 관계가 되면서 다양한 직업군을 알게 되었고, 겉으로 보이는 화려함보다 내면의 아름다움을 발견하기까지는 오랜 시간이 걸리지는 않았다. 그리고 3년간 근무하며 기억에 남는 일은 제2금융권의 금융 비리 사건으로 어제 퇴근길에 봤던 직원과 만남이 마지막이 될 줄은 몰랐고, 대금을 제대로 받지 못한 것과 지금도 한 번씩 뉴스에 보도되는 관공서 채용 청탁 거래처의 무분별한 전표를 받아 대금을 청구했던 것이 기억에 남는다.

가장 오래 근무하며 20대의 마지막을 함께 보낸 사람들이라 지금도 만나며 연락하고 지내는데, 처음 만났던 소장님은 지금도 요식업에 개인사업장을 운영하며 배우자와 고등학생, 중학생 두 자녀를 둔 50대 가장이 되셨고 경찰행정학과 졸업 후 경찰공무원

시험을 준비하기 위해 서울 노량진에서 부단한 노력을 했지만 결국, 낙방 후 지금은 개인사업을 하며 지인 소개로 만난 좋은 사람과 결혼 후 두 딸을 둔 40대 초반의 가장이 되었다. 그리고 마음이 따뜻했던 40대 중반 누나는 여전히 자기가 하고 싶은 일을 하며 긍정적인 삶을 살기 위해 노력하고 있으며 언급한 세 사람과의 관계는 앞으로도 내 인생에서 관계를 계속 이어가고 싶은 소중한 사람들이다.

너도? 나도!

　88만 원 세대, 이태백, 공시족, 캥거루족, 니트족, 삼포 세대의 신조어 탄생은 2007년의 채용시장의 어려움을 반영하는 키워드였다. 20대 태반이 백수이고, 대학을 졸업하고도 정규직이 아닌 비정규직으로 일하며 평균소득은 최저임금 수준인 88만 원으로 연애와 결혼 그리고 출산을 포기하는 세대이며, 일할 의지도 없는 청년 구직자가 많았다. 그리고 대학을 졸업하고도 독립할 나이인데도 불구하고 부모에게 경제적으로 지원받는 청년이 많았고, 안정된 일자리를 찾기 위해 공무원 시험 준비하는 공시족이 증가하여 청년 취업률이 저조한 시기였다고 볼 수 있었다.
　이때는 채용공고가 상·하반기 분류되어 지금의 수시채용보다는 정기공채로 4년제와 2년제 졸업자를 따로 분류하고 채용하여 모든 구직자에게 취업의 문은 열려 있었고, 문을 두드리기 위해 부단한 노력을 하던 시기였다.

　편의점 근무를 할 때, 한 달에 한 번 본사 직원께서 방문하여 모니터링을 하며 제품 배치를 다시 하고 고객 응대에 관한 피드백을 주기도 했는데, 솔선수범하는 나의 행동이 기특했는지 슈퍼바이저 업무추천의 기억으로 전공은 다르지만 오랜 기간 업무 경력은 다른 지원자보다 장점이자 경쟁력이 될 것 같다는 확신으로 채용전형에 지원했다.

　당시에는 취업과 관련된 프로그램도 적어 모든 구직활동은 스스로 했고 정보를 얻을 수 있는 유일한 경로는 인터넷 포털 사이트의 취업카페(취업뽀개기)가 전부였다. 채용정보를 확인하고 다른 사람이 등록된 입사지원서나 면접 후기로 구직활동을 했기에 입사지원서를 제출하는 과정이 너무나 힘들었다. 한번은 모 기업에 지원한 구직자 한 분이 서류제출 후 결과를 기다리는 상황에서 본사 앞에 출근하는 직원들에게 요구르트를 건네며 힘차게 인사하는 모습이 의미는 없었으나 면접에서 높은 점수로 채용이 된 사례를 보기도 했고 국토대장정을 한 만큼 결단력과 성실함을 가지고 업무수행을 잘할 수 있는 지원자임을 확신한다는 내용을 봤었다. 나도 20대 초반 드라마 「올인」으로도 유명했던 제주도를 친구들과 일주일간 하이킹을 하며 겪었던 일화와 한라산 등반하며 느꼈던 점을 작성했던 기억이 있다. 최근에는 직무기술서 기반으로 한 '문제해결 능력', '의사소통 능력', '대인관계 능력', '정보화 능력', '자기계발 능력'이 중요한데, 당시에는 성장과정, 성격의 장단점, 지원동기, 입사 후 포부가 가장 중요한 항목으로 나를 어떻게 표현하는 것이 올바른 것인지 가 큰 숙제였다.

그렇게 온라인으로 입사지원서 제출 후 서류발표날까지 마냥 기다릴 수 없어 무엇이라도 해야겠다고 생각했고, 정보검색 하며 알게 된 SWOT 내용을 보게 되었다. 일반적으로 경영학과에서 배우는 용어로 강점, 약점, 위기, 기회의 네 가지 주제로 나에게는 생소하게 다가왔는데, 편의점 근무했을 때를 떠올리며 시간대별, 요일별 매출현황표 분석을 해보기로 했다. 전문가는 아니더라도 내가 거주하고 있는 브랜드가 다른 세 곳에 편의점 매출 분석을 알기 위해 평소에도 자주 이용했던 곳이라 고객 방문이 적고 사장님이 상주해 있을 때, 자초지종을 말씀드리니 노력이 가상했는지 흔쾌히 매출 내용을 말씀해 주셨고, 간략하게 정리했다. 며칠 후 서류합격 메시지와 면접 날짜를 확인하였고, 이제는 면접 준비와 내가 작성한 자료를 어떻게 설명하는 것이 좋을지가 가장 중요했다.

'왜, 면접은 항상 오전 시간일까?', '지방에서 올라가는 구직자의 절박한 상황은 왜 모르실까?' 면접 당일 이른 오전 서울행 열차에 탑승했고, 전날에도 잠을 설치다시피 하여 피곤한 기색이 다분했는데 처음 서울에 올라가는 동안 창밖의 풍경을 보기보다 면접 질문과 답변을 반복해서 읽어 나갔다. 시간이 지나 서울역에 도착했고, 3시간 동안 참았던 담배를 한 모금 피우는데 몇 명 남성분이 나에게 다가와 돈을 달라고 했던 기억과 지하철 탑승하려고 기다리는데 문이 열림과 동시에 뒤에서 미는 상황이 생소하면서도 충격적이었다. '이게 바로 러시아워?' 30분 전, 면접장에 도착 후 대기실에 있었는데 면접자를 위한 다과와 음료 제품이 다양하게 준비되어 있었고, 인사담당자분께서 면접 진행과 관련된 유의사항을 알려주시며 긴장을 풀어주셨다.

    2명의 면접관이 있는 면접실에 혼자 들어가 진행되었고, 자리에 앉기 전 인사를 드리며 내가 준비한 매출 분석자료를 면접관에게 드리고 난 뒤 다시 자리로 돌아가 1분 정도의 자기소개를 시작했다. 그동안 면접관께서는 내가 작성한 입사지원서와 제출한 자료를 검토하는 모습을 보며 첫 면접이라 심장이 요동치며 말하는데 내가 봐도 떨림이 그대로 묻어났다. 내가 예상했던 질문과 그렇지 않은 질문일 때의 표정과 몸짓은 달랐고 어떻게 답변했는지 기억이 나지 않았다. 특히 매출 분석자료에 관한 질문을 추가로 하셨는데, 현장에서 업무를 수행한 경력을 토대로 솔직하게 답변하고 10여 분이 지난 후 마지막으로 하고 싶은 이야기가 있는지 물으셨다. '열심히 하겠습니다.', '최선을 다하겠습니다.', '성실히 하겠습니다.' 추상적인 답변이 싫어 "새해 복 많이 받으세요." 인사를 하고 면접장을 나왔다. 며칠 후 불합격 메시지를 확인했는데, 서류합격 가능성을 확인했기에 마음을 추스르고 다시 다가올 채용전형 입사지원서를 제출하기 위한 준비를 계속했다.

    채용 시기가 비슷해 두 곳의 슈퍼바이저 모집 전형에 서류합격을 했고, 똑같은 방법으로 매출 분석자료를 준비하고 면접을 진행했다.

 '채용된 인원이 한정되어 부득이하게 이번 채용에는 함께할 수 없음을 알려드립니다.' 내가 목표로 했던 세 곳의 기업에 최종면접 탈락은 이제 더는 기회가 없다는 것에 아쉬움이 묻어났고 다른 분야로 구직활동을 어떻게 할지에 대한 고민하는 시간이 필요했지만 그리 오래 걸리지는 않았다. 전자랜드 판매사원, 올리브영 판매사원, CJ 식품 영업직, 현대해상 대물보상 직무에 지원했으나 최종면접 탈락 후 자존감은 바닥으로 떨어졌고, 이젠 직종이 무관해도 지원자격이 된다면 묻지 마 지원을 하게 되었다.

 한번은 거주지와 30분 정도 소요되는 기업에 지원했고, 면접을 보러 오라는 연락을 받은 뒤 한 벌 있는 검은 정장을 차려입고 도착했다. 교육업을 운영하는 회사로 학습지를 제작하고 영업하는 업무인데, 대기실에는 여태껏 보지 못한 40명이 넘는 지원자들이 한 공간에 모여 있었고, 직원분께서 먼저 5일간 오리엔테이션 교육을 진행한 뒤 면접을 거쳐 최종선발을 하겠다고 말씀하셨다. '아! 이런 시스템으로도 채용절차를 진행하네.' 그리고 준비된 시험지를 나눠주며 솔직하고 담백하게 작성 후 제출하라고 하셨고, 객관식과 주관식이 혼합된 일반상식 문제로 취업에 간절함이 있었기에 나를 비롯한 면접자들은 정해진 절차에 따라 시험지를 작성하고 교육을 함께 받았다. 하루 이틀이 지나며 점점 인원이 줄어들기 시작했고 마지막 날에는 10여 명만이 참석하에 면접은 조금은 의아하기도 했고 느낌이 썩 좋지는 않았는데, 그 이유는 제출한 이력서의 내용보다는 "현재 내 주변에 인맥을 얼마나 보유하고 있는지?", "부모님의 직업이나 재산 그리고 친인척 관계는 어떻게 되는지?"에 대한 질문을 집중적으로 하셨는데 뒤늦게 다단계 회사라는 걸 알고는 합격 통보를 받았지만 출근은 하지 않았다.

돌이켜 보면, 직무와 관련된 전공이나 자격증 없이 제대로 파악하지 못한 채 지원한 부분이 원인이었다는 생각을 하게 되었다.

2장
Second Age

또 다른 시작

1년 남짓한 구인 상담원 계약만료로 나는 다시 고용시장에 나왔고 신입이 아닌 경력자로서 구직활동을 시작했다. 1년 전과 다른 점은 생각보다 지원할 수 있는 기업이 제법 많았고, 자기소개서에는 내가 수행했던 업무를 상세하게 작성할 수 있었다.

재취업이 가능하다는 확신이 있었는데 공공기관과 민간기관의 차이점은 알 수 없었고, 소속된 직원과의 소통도 고려하지 아니할 수 없었다. 당시에는 고용노동부 사업이 본격적으로 시행된 시기로 사업비도 늘어나 민간기관의 직업상담사 채용이 활발했고, 지원하면 대부분 면접을 보러 오라는 연락을 받았다.

"남성분이 왜 직업상담사를 하려고 하나요?"
"함께 일하는 분이 대부분 여성분인데 불편하지 않을까요?"

"교제하고 있는 사람이 있다면 결혼은 언제 할 계획인가요?"
"어떤 실적을 내서 인정받고 성장하고 싶으신가요?"

반복되고 형식적인 질문이 언짢기도 했다. 남성이라는 희소가치가 있기에 내가 가지고 있는 직무 소신을 명확하게 전달했고 실무진 면접이 끝난 뒤 대표자와 최종면접 후 출근 통보를 받았다.

2012년 3월 5일 나의 두 번째 직업상담사 여정이 시작되었다. 사실, 지원할 때 명확하게 어떤 부서의 채용공고가 아닌 취업상담을 수행할 직업상담사 모집공고로 첫 출근 후 내 직무를 알게 되었다.

출근 첫날, 지금도 기억이 선명하고 생생했다. 특성화고등학교 3학년 때, 현장실습으로 갔었던 양산을 12년 만에 다시 올 줄은 몰랐다. 차량이 아닌 지하철을 타고 남산역에 하차한 뒤 다시 학교 통학버스로 30분을 달려가는 길은 봄비가 요란하게 내렸고, 말끔히 차려입은 정장 바지 밑단이 흠뻑 젖어 불편한 기색이 가득 찬 상태로 본사가 아닌 오전 9시 양산에 있는 대학교 정문에서 우산을 쓰며 기다리고 있었다. 잠시 후 대표님이 도착하셨고 무작정 나를 취업센터에 데리고 가신 뒤 학교 관계자분과 인사를 나누고 하나의 독립된 공간에서 업무를 하라는 지시와 함께 사라지셨다.

'뭘, 어떻게 하라는 거지?' 혼란스러운 와중에 학교 관계자분께서 들어오셨고, 엑셀에 등록된 인적사항을 가리키며 졸업생 대상으로 취업자와 미취업자를 분류하고 미취업자는 학교 방문 또는 유선 상담을 통해 희망직무에 적합한 구인업체를 연계하여 단기간 내 취업률을 높이는 업무를 나에게 요청하셨다.

　300여 명의 명단을 받은 뒤, 취업자는 회사명과 직종 그리고 취업 날짜를 확인하여 기록한 뒤 따로 분류하고 미취업자는 연번에 따라 차례대로 연락했다. 재학생이 아닌 졸업생으로 더는 학교에 오지 않기에 학교 번호로 온 연락을 잘 받지 않았고, 부재중일 경우에는 메시지를 남기고 간혹 통화가 되면 자초지종을 설명했다. 학교 방문을 요청하면 거리상의 이유로 참여하지 않겠다는 답변이 많았는데, 나 역시도 출퇴근 왕복 3시간이 소요되는 긴 시간이라 재학생 또는 인근 지역에 거주하지 않는다면 오지 않으려 했을 것이다. 다만, 인근 지역 졸업생 몇 명은 방문하겠다는 의사를 보였고, 날짜와 시간을 정해 상담을 할 수 있게 사전 준비를 했다. 사실 취업센터에 오기 전 사전교육이나 업무수행에 관한 전달받은 내용이 없었고, 직원과의 교류도 원활하지 않아 맨땅에 헤딩하는 상황이었지만 오랜 기간 구직활동을 하며 입사지원서 작성 경험과 관련된 도서를 읽어 두려움보다는 약간의 떨림으로 상담을 준비했다.

　『스토리가 스펙을 이긴다』 도서에는 스토리텔링의 중요성을 강조하며 몇 가지 공식을 읽었는데 충분히 공감 가는 내용으로 졸업생 대상으로 컨설팅을 활용하는 데 적절하다고 생각했다.

　첫 대면상담을 하게 된 경영학과 졸업생은 검은색 뿔테안경을 착용하고 단발머리에 전형적인 모범생의 이미지를 갖추고 있었다. 익숙한 강의실이 아닌 낯선 공간에 첫 대면상담이 남성이라 부담이 있을 수 있어 따뜻한 차 한 잔과 어색한 미소를 지으며 내 소개를 하고 상담을 시작했다.

사무직으로 취업을 희망하며 학점도 우수하고 직종과 관련된 자격증을 소지하고 있었는데, 최근까지 입사지원을 적극적으로 하지 않았던 이유는 아직 본인이 하고 싶은 일을 정하지 못했고, 내성적인 성격으로 사람들 앞에서 말하는 게 어렵다고 하며 대부분의 시간을 집에서 보낸다고 했다.

입사지원서 컨설팅이 현장에서 다소 시간이 소요되고 구체적으로 진행하는 데 어려워 첫 상담은 현재 가지고 있는 고민이 무엇이고 구직의사 정도만을 확인하였고 두 번째 상담에 현실적인 얘기를 나누기로 했다.

4년간의 대학 생활을 하며 대외 활동이 없고, 교육프로그램 참여 이력도 전무해 자유 양식으로도 자기소개서에 넣을 스토리가 전혀 없어 보였다. 그리고 추상적인 표현이 많아 수정이 필요했고 심층적인 상담을 하기 위한 몇 가지 질문을 준비했다. 이를테면 모의면접이라고 해도 무방하며 무표정한 얼굴에서 나오는 답변은 타인이 보기에 진실성이나 책임감이 부족한 느낌을 받을 수 있다고 생각했다.

그래서 청년층 대상으로 진행하는 집단상담프로그램을 권유하며 프로그램의 목적과 사후관리의 내용을 안내했는데, 가장 중요한 건 현재보다 달라져 있는 자신의 모습을 강조하며 온라인으로 참여 신청을 했다. 집단상담프로그램을 참여하고 만난 세 번째 상담은 이전보다 한층 밝아져 있는 모습을 보게 되었고, 평소에는 볼 수 없었던 미소를 보며 면접에도 이런 모습을 나타낼 수 있게 조언을 해드렸다. 개인적으로 비슷한 연령층이 모여 고민을 나누고 해결방안을 찾는 과정에서 동질감을 느껴 만족도가 높았다고 소감을 전하였고, 직무설정에 도움이 된 교육이라고 생각을 전했다. 한 달이 지났을 무렵, 제조업체 경영지원부 회계 업무에 최종합격 통보를 전달받아 매주 상담 보고서를 드리는 과정에서 취업실적을 말씀드렸고 센터장님과 과장님께서도 성실하게 업무를 하고 있다는 걸 아셨는지 뵐 때마다 "고생 많으십니다." 격려의 말씀을 자주 해주셨다.

두 번째 졸업생은 부산 사하구에 거주하였고, 거리상의 이유로 멀리 있는 학교까지 상담하러 오는 것을 고민하고 있었다. 이때 나도 무슨 생각이었는지 한 번도 본 적 없는 졸업생에게 서면 중심가에 있는 카페에서 만남을 제안했고, 흔쾌히 수락해 서둘러 나갈 채비를 했다.

학교 관계자에게 말씀을 드리고 평소보다 3시간 일찍 나와 통학버스와 지하철을 이용해 약속된 장소에 기다린 후 만남이 이루어졌다. '일면식도 없는 사람과 구직상담을 해준다는 이유로 불편함은 없을까?' 걱정했지만 소속된 기관이 적힌 명함을 드리면서 현재 학교와의 계약으로 취업센터에서 졸업생 대상으로 취업률을 높이기 위한 상담을 제공하고 있는 상황에 연락을 드린 과정을 설명했다. 그리고 일회성이 아닌 꾸준히 개별상담을 진행하고 희망하는 직종과 관련된 컨설팅과 채용정보를 제공하는 취업지원서비스를 실시한다고 전달했다. 주문하고 음료가 나오는 시간 동안 어색한 공기가 흘러 내가 대학을 졸업하고 구직활동을 하며 겪었던 일화를 말하며 '현재 가지고 있는 고민이 무엇인지?' 자연스럽게 물어보며 미리 준비했던 입사지원서를 검토하고 하나씩 풀어나가려 했다. 단점보다는 장점을 보려 노력했고, 예상했던 시간보다 훨씬 초과한 2시간 동안 상담을 이어가며 계속 진행하기에 지루할 수 있어 다음 만남을 기약하며 마무리했다.

매일 업무보고를 소속된 민간기관에 제출하면 피드백을 받기도 했는데, 청년인턴제 사업을 하고 있어 졸업생의 희망직종이 일치하면 구인업체를 빠르게 연결하기도 했었다. 때로는 실적을 올리기 위해 졸업생에게 의사를 묻지도 않고 입사지원을 권유하며 근무를 해본 뒤 입·퇴사 여부를 결정 아니 강요가 당연하다고 생각했는데 시간이 지나고 나 자신이 부끄러울 정도로 미안했다.

그리고 대면보다 유선으로 상담하는 비율이 높았는데, 업무강도는 세지 않았으나 하루 출퇴근 왕복 3시간이 넘는 거리는 체력적인 부분에서 힘이 들었고, '언제까지 이 업무를 계속 수행해야 하는 걸까?' 생각이 들 때, 소속된 민간기관 실무자께서 본사로 들어오라는 연락을 받고 사무실로 방문했다.

차별과 차이

    2개월 동안 대학교 취업센터에 근무하며 한 달에 한 번 본사에 방문하여 실적보고로 직원분들과 안면은 있었는데, 대화를 나누지는 않아 약간 긴장된 상태로 실무진과의 대화를 시작했다.
    "지금까지 하던 취업센터 상담업무를 마무리하고 다음 주부터 본사로 출근해 여기 계신 직원분과 함께 취업 성공패키지 상담사로 근무를 하세요."
    업무 경력 6개월 이상 자격이 있는 자가 민간기관 취업 성공패키지 업무수행이 가능하여 구인 상담원 경력증명서를 제출하고 담당 주무관의 승인까지는 문제가 될 부분은 없었다.
    그리고 1년 경력으로 어렵게 채용되어 선택의 여지도 없었고 상담을 계속할 수 있다는 생각에 "알겠습니다."라고 하며 나의 일상은 달라졌다.

청년 뉴 스타트 프로그램으로 시작되어 취업 성공패키지 사업이 본격적으로 시행되었던 시기로 민간기관도 많지 않았고, 모든 업무는 매뉴얼과 동료와의 소통 그리고 담당 주무관의 결정으로 처리했다. 취약계층인 차차 상위, 기초생활 수급자, 북한 이탈 주민, 여성 가장, 위기 청소년 등 한 번도 만나보지 못한 내담자 대상으로 한 상담은 사전 직무교육이 필요할 만큼 중요한 과제로 고민이 더욱 깊었다.

실무자의 배려로 신규 내담자를 배정받아 업무 분담을 줄여주었는데, 3일간은 매뉴얼을 정독하며 전반적인 프로세스를 익혔고, 걸려 오는 전화를 받아 연결해 주거나 방문하는 내담자를 안내하는 업무를 했다. 특히, 점심시간이 지난 후에 보는 매뉴얼은 글자가 점점 번지기 시작해 졸음이 밀려와 여간 힘이 들어 하루라도 빨리 상담을 하고 싶은 생각이 들었다.

"성우 씨, 알고 계실지 모르겠는데, 처음 사무실에 방문해 직원분과 인사를 나눈 첫인상은 모든 직원이 좋아하지 않았어요. 파마를 곁들인 갈색 머리에 검은 뿔테안경과 홀쭉하고 검게 그을린 얼굴은 방문하는 내담자분에게 좋지 않은 인상을 줄 수가 있겠어요."

며칠 후 업무 총괄자와 면담하는 과정에서 나에게 하셨던 말씀은 향후 업무 서류를 정리하면서 발견된 내 이력서 상단에 '외모는 비호감' 문구와 일치했다. 그리고 "대표님께서 어떤 기준으로 채용을 하셨는지 모르는데, 전문학사 출신이라 상담을 잘할 수 있을지 걱정이 됩니다. 앞으로 실수 없이 잘해주시기 바랍니다."

내가 소속된 민간기관의 상담사는 정치외교학과, 영어영문학과, 유통경영학과, 사회복지학과 출신의 고학력자로 전문학사 환경화학과 졸업으로 전공도 불일치했고 단지 직업상담사와 사회복지사를 소지하고 있으며 경력 1년으로만 상담사 자질을 판단하기에는 우려가 뒤섞였던 것 같다.

해보지 않았던 일을 한다는 건 매우 흥미로운 일이지만 나를 보는 시선이 차갑게 느껴지며 사무실 안에서의 차가운 공기와 눈치를 보는 상황이 반복됐다.

처음으로 배정받게 된 내담자는 50대 여성으로 결혼 후 가사와 육아를 병행하며 오랜 기간 경력단절이 되어 재취업을 하기 위해 방문하였다. 독립된 상담실로 안내하며 상담카드에 기재된 간단한 인적사항을 작성하도록 했고 전산에 구직등록된 내용을 검토하며 상담을 진행했다.

내담자는 차분한 인상을 지닌 안경을 착용하며 자연스러운 미소로 함께 거주하는 자녀분과 나이가 비슷해 나와의 상담에 부담은 되지 않는다고 하셨다.

"상담사님, 저는 바리스타 자격증을 취득하고 취업할 계획으로 내일배움카드 발급신청과 훈련기관은 어디가 좋은지 알고 싶어요."

2007년에 방영한 「커피프린스 1호점」 이후 모든 연령층이 바리스타 자격증을 취득하는 붐이 발생했고 훈련기관도 증가했다.

그리고 실제로 자격증 취득자 수는 많았으나 취업으로 연결되는 경우는 적었고, 훈련비를 전액 지원받아 부담 없이 훈련과정을 선택하고 취미 목적으로 하는 경우가 발견되기도 했다. 그리고 내담자가 취업 목적으로 과정을 신청한다고 말하면 상담사는 절차에 따라 신청서를 제출하고 훈련과정을 등록했다.

바리스타 훈련을 시작하면 한 달에 두 번 유선 상담으로 애로사항이 없는지 확인하며 훈련수당을 받을 수 있게 신청서를 제출하는 일도 상담사의 업무였다.

그리고 직업훈련이 끝나면 본격적인 구직활동을 위한 상담을 하게 될 때면 적극적인 구직활동을 하는 분들도 계셨는데 간혹, 개인 사정으로 취업이 어렵다는 얘기를 들을 때는 그간의 노력이 묻혀 힘이 빠지기도 했다.

내가 근무했던 지역은 저소득층 구직자가 다수 거주해 북한 이탈 주민, 결혼 이민자, 기초생활 수급자, 장애인, 여성 가장, 비주택거주자 등 성별과 나이가 다양했고, 한 번도 만나지 못했거나 대화를 해보지 못한 대상자와의 상담은 이론적으로 완벽하지 않았던 나에게 배정되는 것이 두렵기도 했다.

하루는 북한 이탈 주민을 배정받아 초기 상담을 준비하는 과정에서 의사소통에 어려움이 있었고 기관에 방문할 때 배우자와 함께 오는 경우가 더러 있기도 했는데 일종의 국제결혼으로 배우자는 결혼 이민자에 적용되어 기술을 배우고 일을 할 수 있게 프로그램을 함께 참여하기도 했다.

배우자의 나이는 20대 초중반으로 학력이나 경력사항이 전무해 취업연계에 어려움이 있었고, 무엇보다 한국어 교육을 받았지만 간단한 의사소통만 가능해 재봉사 기술교육을 받아 취업지원을 했는데, 타지에서 건너와 서로 의지하는 동료가 많아 장기근무를 하게 된 경우가 많았다.

배정받은 북한 이탈 주민은 50대 중반의 남성으로 한국 거주는 10년이 지났고, 그동안 일용직 등 불안정한 일자리를 계속했다고 하셨다. 간혹, 상담 과정에서 본인이 탈북하게 된 이유를 나에게 얘기할 때는 뉴스에서 보던 상황이 마치 실제로 일어난 것 같은 장면이 생생하게 연출되기도 했다. 예전에 자활담당자 소개로 제조업체에 근무한 적이 있었는데 동료와의 불화로 그만두었고 생계의 어려움을 토로했다. 현재 지자체에서 지급하는 생계비로 생활을 하고 계시며 일자리에 관한 상담할 때면 그동안 본인이 겪었던 부당한 일들에 하소연하는 시간이 더 많았다. 항상 1시간이 넘어 본질적인 상담을 할 수 없었고 내가 가지고 있는 역량 부족을 절실히 느끼며 관리자에게 긴 상담의 비효율성에 대해 지적을 받기도 했다.

마땅한 기술을 보유하지 않아 직업훈련을 연계하기도 어려워 간단하게 이력서를 작성한 뒤 채용정보를 탐색하고 생산직에 지원할 경우 인사담당자에게 자초지종을 설명하고, 기업지원금 안내문을 첨부하여 기회를 만들고자 했고 차량을 이용해 면접을 진행하며 취업률을 높이고자 부단한 노력을 했다.

이러한 과정은 하루아침에 되는 게 아닌 몇 번의 실패를 거치고 이루어진 사례로 1명의 취업이 상담사와 내담자의 부단한 노력이 필요한지 다시 한번 느끼게 되었다.

기업체를 방문하며 흥미로웠던 점은 회사를 둘러보며 대표자의 경영철학을 간접적으로 알아가는 점들이 실무자 관점에서 알 수 있어 좋은 공부가 되었고, 미채용이 되더라도 다른 내담자를 연계하기에 관계를 계속 유지하여 인맥 형성에 도움이 되었다.

장애인도 유형이 다양했다. 내가 만났던 60대 초반의 남성은 청각장애 2급으로 상담 전 30대 초반 자녀분께서 전화를 대신 받으셨고, 부친의 특이사항과 희망직종을 직접 말하며 빠른 취업을 요청하셨다. 이런 경우는 처음이라 메모를 하고 다음 날 오전 초기 상담을 독립된 공간에서 평소보다 더 큰 소리로 내용을 전달했는데도 불구하고 '듣기에 어려움을 느껴 어떻게 할까?' 고민하던 중 순간, 모니터 바탕화면에 있는 한글 문서를 열어 40포인트로 글자 크기를 설정하고, 내가 전달하고자 하는 내용을 키보드로 작성했다. 화면을 보며 고개를 끄덕이는 의사 표현을 하시면서 사고로 인한 후천적인 장애판정을 받아 생활에 불편함이 있는데도 불구하고 긍정적으로 살아가려는 모습을 느낄 수 있었다. 일반기업 연계는 부정적인 시선을 볼 수 있어 장애인 고용 사업장을 발굴하여 면접을 이어나가려 했는데 고령으로 채용에는 실패하였고 기간이 지나 프로그램이 종료되어 개인적으로 안타까운 마음이 남았다.

그리고 내가 근무하던 사업장에는 일반 빌라를 개조한 구조로 5개의 독립된 상담실과 1개의 집단상담실이 있었고 상담할 때 개별상담실에서 진행했는데 배정받은 내담자는 나보다 나이가 조금 많은 30대 후반의 여성 가장이었다.

결혼 후 자녀를 출산하고 육아를 병행하며 경력단절이 되었고, 소득이 필요해 재취업을 원했는데 사별 또는 이혼으로 자녀를 혼자 키우는 상황으로 구직활동에 어려움이 있었다. 그리고 과거 배우자의 외모, 태도, 대화의 트라우마로 좋지 않은 인식이 생겨 상담 전 상담사 변경을 요청할 때도 있었고, 프로그램 참여목적을 물어보면 닭똥 같은 눈물을 흘리기도 했다. 그럴 때마다 탁상 앞에 있던 티슈를 건네드리면 잠시 감정을 추스르고 다시 혼자만의 얘기를 계속해 원활한 상담을 하지 못했었다. 이 상황에서 '내가 할 수 있는 일은 무엇일까?' 내담자께서도 한 번도 겪어보지 못한 상황이었을 것이고 현실적으로 어려움도 많기에 공감하려고 노력했다. 이러한 문제를 해결하고자 결혼한 대학 친구에게 전화를 걸어 해결책을 찾아보려고 노력했고 자아존중감이나 자기효능감이 낮아 개별상담보다 집단상담프로그램을 먼저 참여하도록 권유를 했는데 변하거나 그러지 아니한 분들도 있었고, 30대 초반의 미혼 남성이 기혼자의 마음을 들여다볼 수 없는 현실이 답답했다.

기초생활 수급자 중에서도 일반 수급자와 조건부 수급자로 구분되어 생계비를 지원받으셨는데, 취업하게 되면 의료혜택은 계속 지원되나 현재 꾸준히 받고 있던 수급비 중단으로 형식적인 프로그램을 참여하는 경우가 많았다. 그렇기에 상담사와의 약속을 철저히 지키며 방문을 하셨고, 본인 외에도 배우자, 성인이 된 자녀도 참여하는 경우가 많았는데 오해의 소지가 발생할 수가 있어 1명의 상담사가 가족 전체를 관리하는 것이 바람직했고 간혹, 성별이 다른 미성년자 자녀는 동성 간 상담을 할 수 있게 사전에 양해를 구한 뒤 진행하기도 했다.

하루는 1인 가구로 거주하는 50대 중반의 중년 남성은 정신장애 2급으로 상담 전, 유선으로 일정을 정하는 과정에서도 직설적이고 단호한 말투가 인상적이었다. 나도 직업정신이 투철할 때로 취업을 할 수 있게 적극적인 노력과 하루가 멀다고 구인정보를 제공하며 면접을 권유했으나 이런저런 이유로 거부가 다반사였고 결국 참다못해 "선생님, 적극적인 구직활동을 이행하지 않는다면 지침에 따라 중단처리를 할 수도 있습니다."라고 전했고 다음 날 오전 한 통의 전화가 걸려 왔다.

"선생님, 배정받아 상담하고 계시는 내담자분께서 국민 신문고에 선생님에 대한 민원이 접수되어 전화드렸습니다."

상황은 이랬다. 글의 내용은 '상담사인 내가 내담자에게 반강제적으로 구직활동을 강요했고 이로 인해 본인은 정신적, 육체적인 고통이 커 상담을 할 수 없어 치료가 필요하다는 내용'이었다.

충격보다는 무서웠다. 담당 주무관은 신문고에 등록된 내용은 기한 내 처리 후 답변을 해야 했기에 나에게 센터방문을 요청했고 사건의 발단에 대한 자초지종을 말씀드리며 나의 얘기를 귀담아들으신 뒤 한 장의 서류를 건네주셨다.

일종의 경위서로 '어떤 일이나 사건 사고가 발생했을 때 그 시작에서부터 끝까지 일이 벌어진 경위를 작성한 문서'로 처음 겪어보는 낯선 상황에 잠시 생각에 잠겼고, 매우 미안해하는 주무관의 표정을 뒤로하고 기억을 되살려 육하원칙으로 작성한 뒤 드렸다. 고생 많으셨다는 말씀과 "이번 일로 상실감이 크지 않았으면 좋겠다."라며 달래주셨고, 처음이자 마지막일 수 있는 경위서를 작성하고 자활담당자와 논의 끝에 중단으로 프로그램을 마무리했다.

차차 상위는 가구원 수 중위소득에 따라 달라지는 흔히 볼 수 있는 유형으로 20대 후반의 4년제 사립대학교 항공과를 졸업하고 전공 분야와 관련된 직무를 희망하고 있었다.

나와는 세 살 차이로 첫 이미지는 누가 봐도 승무원을 할 수 있는 외형적인 모습이 느껴졌는데 상담하며 알게 된 사실은 부모님 두 분이 돌아가신 뒤 현재 할머니와 언니 이렇게 3명이 함께 거주하고 있었다.

숫기가 없어 처음 만나는 사람과 대화에 어려움을 느껴 승무원 또는 지상직 업무를 고민하고 있었다. 그러나 서비스업 단기계약직 근무 경력이 다수 보였고, 상담사가 아닌 채용자의 눈으로 봐도 취업은 가능해 보였으나 장기간 근무한 경력이 없는 게 다소 걸림돌로 느껴졌다. 하지만, 가장 기본적인 방법으로 구인업체를 발굴하여 면접을 진행했고 여러 사업장 문을 두드려 어렵게 규모가 작은 여행 발권 사무원으로 취업이 되었다. 2012년도 최저임금은 4,580원으로 한 달 급여는 957,220원을 수령하면서 취업 후 받을 수 있는 취업 수당을 받은 뒤 퇴사하였고 경력을 발판 삼아 재취업을 하게 된 사례도 있었다. 취업 후 6개월간은 사후관리로 한 번씩 유선이나 메시지로 근속을 확인했는데 3년이라는 시간이 흐른 뒤 사회인 야구활동을 하고 있던 지인의 결혼식에 참석하며 신부 하객으로 우연히 만나 반가운 재회를 하기도 했었다.

'아! 이래서 사람의 인연은 알 수 없고 있을 때 잘해야겠구나!'라고 생각한 이유가 내담자께서 먼저 나에게 다가와 인사를 해서 나도 반가움을 표했고 그 만남이 마지막이 되었다.

서울에 가는 이유

　서울 한강호텔은 직업상담사 직무교육을 진행하는 교육 장소로 취업희망프로그램과 CAP 플러스 프로그램을 참여하기 위해 상담사라면 한 번은 방문하는 곳이다. 개별상담을 하며 집단상담 프로그램을 함께 진행해야 했고, 상담사는 교육참여 후 수료증을 발급받게 되는데 상담을 시작하고 2개월 후, 교육을 듣기 위해 서울행 열차에 몸을 실었다. 과거, 구직자의 신분으로 면접을 참석하기 위해 올라갔던 상황이 아닌 놀러 간다는 한결 편안한 마음을 가지고 교육장으로 향했다. 하지만 혼자가 아닌 함께 근무하는 이성 동료와의 동행으로 불편함은 있었는데 비즈니스라 생각하며 같은 자리에 앉아 간소한 대화를 나누며 정오 무렵 교육 장소에 도착했다.

　서울, 대전, 대구, 부산을 포함한 전국에 흩어져 있는 상담사가 모여 있는 공간은 굉장히 낯설었고 출석 확인 후 점심을 먹은 뒤 외부 강사님의 소개로 교육은 시작됐다.

'항상 처음은 자기소개인가?' 참석한 모두에게 간단한 자기소개를 하도록 했고 다행히 반대편 쪽에 앉아 있어 마지막 순서로 다른 사람의 소개를 유심히 지켜보면서 '어떻게 소개를 할까?' 생각했다.

교육생분들은 나와 비슷한 1년 남짓한 경력을 가지고 있거나 심지어 채용확정 후 사무실 출근을 하지 않고 교육장에 바로 오게 되어 얼떨떨하다고 말씀하기도 하며 이왕 이렇게 된 거 재미있게 놀다 가도록 하겠다며 소감을 전하기도 했다.

20대 후반에서 30대 초반의 교육생이 여러 개의 그룹으로 모여 앉아 있는 모습은 '여긴 교육장인가?' 또는 '단체 소개팅 자리인가?' 할 정도로 화기애애한 분위기가 첫날부터 마지막 날까지 이어졌고, 3일 차 교육이 끝난 뒤에는 맥주를 마시며 축제 분위기가 연출되기도 했다. 5월 중순, 서울의 밤공기는 상쾌했고 밤하늘의 별은 아름답게 느껴졌는데 친구나 지인이 거주하고 있지 않아 혼자 숙소에서 시간을 보내는 게 따분해 저녁을 먹은 뒤 호텔 뒤쪽에 있는 트랙을 가볍게 뛰며 시간을 보내기도 했다.

교육 강사님은 마지막 날은 여기 있는 모든 사람이 하나의 커리큘럼으로 단상에 나와 강의시연을 할 수 있도록 말씀하셨고, 개인별로 하나의 콘텐츠를 부여받기도 했다. "앞으로 여러분들이 소속된 어느 곳에서든 교육 진행자로서 역할을 해야 하기에 이번

모의 시연으로 자신감도 높이게 되는 계기가 될 것이며 믿어 의심치 않습니다." 말씀으로 첫날 교육은 종료되었다.

둘째 날, 교육은 본격적인 그룹 활동으로 구성되었고 다양한 소재로 대화를 이어 나갔는데 교육생 성향에 따라 분위기는 차분하거나 웃음소리가 끊이지 않는 그룹도 다수 있었다. 그리고 항상 하나의 활동을 진행할 때마다 발표를 시키셨는데 그룹마다 남성 1명이 포함되어 조장 역할을 하게 되면서 분위기를 이끌어 가며 때론 상대방의 의견을 타진하며 재미있게 하려고 노력했다.

셋째 날, 교육은 구직상담에 가장 중요한 이력서 작성과 면접으로 구성되어 어제와 다른 진지한 분위기 속에 진행되었는데 간혹, 강사님의 상담사례를 곁들인 얘기할 때면 교육생들의 경청하고 있는 모습을 볼 수 있었다. 교육을 들으면서도 문득, 마지막에 하게 될 모의 시연에 대한 걱정이 더 앞서 평소보다 늦은 새벽에 잠이 들었다.

넷째 날, 모든 교육생이 돌아가며 주어진 커리큘럼을 10분 동안 시연하며 때론, 긴장되어 떨림이 그대로 묻어나 더듬거리거나 간단하게 작성된 메모지를 보며 시연하는 모습도 봤지만 나는 실제상황이라 생각하고 암기했던 내용을 복기하며 나를 보고 있는 교육생과 질문을 하며 끝이 났고, 지켜보고 계셨던 강사님의 칭찬에 기분이 무척 좋았다. 이렇게 4일간의 취업희망프로그램 양성 교육이 종료되고 이제 '현장에서 어떤 방법으로 재미있게 진행할까?' 걱정 반, 기대 반으로 앞으로 일어날 일들을 알지 못한 채 부산으로 향하는 열차를 타고 집으로 돌아오는 과정에서 조직 생활이 처음이라 교육이 끝난 뒤 관리자에게 보고하지 않아 지적을 받기도 했다. 다시 일상으로 돌아와 내담자와 개별상담을 주기적으로 하며 교육장에서 받은 교재와 영상을 보면서 한 달에 두 번 취업희망프로그램을 진행했다.

"반갑습니다. 취업희망프로그램 교육을 진행하게 된 박성우입니다. 여러분들께서 참여하는 취업희망프로그램은 자기 성장과 구직활동을 효과적으로 진행하는 데 필요한 내용으로 구성되어 있으며 자신에 대한 이해를 높이고 타인과의 관계를 향상하는 데 자신감을 높이는 계기가 될 것입니다. 앞으로 교육을 참여하며 자기 자신의 변화와 더 나은 인생 설계를 하는 기회가 되기를 바라며 교육을 시작하도록 하겠습니다."

모든 교육의 시작은 교육 강사의 자기소개로 수도 없이 반복 연습하며 자연스러운 인사와 무거운 분위기를 어떻게 이끌어야 할지 걱정이 컸다. 그 누구 하나 조언을 해줄 상황이 아니라서 모든 걸 본인 스스로 풀어야 했고 정적이 흐르고 있는 분위기를 바꾸는 건 쉽지 않았다. 점심을 먹고 오후가 되면 교육생분들도 적응되어 한결 편안해졌는데, 가장 힘든 건 교육생분들의 눈물이었다. 어떤 의미에서는 나를 돌아보는 시간으로 인생 곡선 그리기는 과거의 나보다 현재와 미래의 나를 그려보는 것이 중요했는데, 과거보다 현재의 힘든 나의 모습을 보며 감정이 복받쳤는지 절반 이상은 눈물을 흘려 '이 상황을 어떻게 정리해야 하지?' 해답을 찾을 수가 없었다. 결국, 시간이 지나 교육 진행에 요령이 생겨 모두가 아닌 소수 몇 명에게만 발표하는 상황을 만들며 교육 강사의 역할이 얼마나 중요한 것인지 깨닫게 되었다.

둘째 날, 오전 시간은 그룹 활동으로 일상생활에서 흔히 사용하는 만 원의 정보와 우리는 한 운명이라는 주제로 팀플레이 교육으로 진행되었다. 지금은 5만 원권이 발행되어 또 다른 재미가 있겠지만 당시에는 만 원 한 장에 숨어 있는 그림을 찾는 활동으로 가장 많이 찾은 그룹은 미리 준비한 소정의 선물을 드리기도 했다. 「일월오봉도」, 「용비어천가」, 「혼천의」, 「천체망원경」 등 나도 전혀 알지 못했던 그림을 알게 되었지만 설명하는 것도 또 다른 과제이기도 했다. 그리고 우리는 한 운명은 '정글에 불시착한 비행기의 생존자로 남은 물건들을 어떻게 활용할 것인가?' 주제로 3개의 팀으로 나누어 의견을 주고받았는데 실제상황처럼 언성이 높아질 때면 나의 역할은 적절하게 중재하는 것이었다.

그리고 오후에는 '자존감을 높이는 대화 방법'이 무엇이며 '상황별 의사소통' 연습을 서로 하기도 하며 상대방의 관점에서 바라보고 존중하며 감정을 이해하는 효과적인 의사소통 방법을 진행했다.

셋째 날, 직업에 대해 구체적으로 알아보는 시간으로 미리 상담사와 개별상담을 하며 실시했던 직업 선호도 검사지를 준비하여 유형별에 맞는 직업과 특성을 확인하였고 워크넷 채용정보를 탐색하고 적합직업을 찾아보았다. 본인이 알지 못했던 다양한 직업정보를 교육생들과 얘기를 나누고 서로에게 긍정의 피드백을 전해주며 소감을 나누는 내용으로 마무리했다.

넷째 날, 교육생이 작성한 이력서를 점검하고 앞으로 진행하게 되는 효과적인 면접을 점검하는 단계로 그동안 함께했던 교육생과 롤링 페이퍼를 서로 주고받으며 마무리했다.

간혹, 동아리 활동을 만들어 서로 연락처를 주고받으며 만남을 이어가기도 했는데 모든 교육을 진행하면서 느낀 건 교육 강사의 철저한 사전 준비와 일회성이 아닌 정기적인 교육으로 만족도를 높이는 것이 중요하다고 생각했다.

언제 끝날까?

직업상담사로 근무하며 주변의 동료나 교육을 통해 알게 된 사람들은 퇴근 후 평일 저녁 또는 주말을 이용해 개인 역량향상을 위해 다양한 집체교육을 듣는 것을 알게 되었다.

특히, 개별상담을 할 때 내담자가 온라인으로 한 직업 선호도 검사 결과를 해석하는 과정에서 전문지식이 없어 해석을 진행하면서도 나 자신이 불편함을 느껴 한국진로상담연구소와 한국가이던스 교육원이 주최하는 진로 탐색 상담자 전문교육(기초과정)을 신청했다.

Holland 직업 흥미 검사는 존 루이스 홀랜드(John L. Holland)가 개발한 것으로 사람들의 인성(성격)과 환경을 현실형, 탐구형, 예술형, 사회형, 진취형, 관습형으로 구분하는 육각형 모델의 성격이라고 불린다. 그리고 개인의 성격에 대한 유전적 소질(성격)과

문화적 요인(환경) 상호작용 역할을 하는 이론적인 내용으로 구성되어 있었다.

교육 장소는 부산대학교 내 취업센터 교육장에서 진행되었고 주말 이틀간 교육생에게 유형에 맞는 해석방안을 제공해 주었다. 총 16시간의 교육이 끝나고 수료증을 받은 이후에는 직업 선호도 검사 해석을 하는 과정에서 전문적인 용어보다 일상생활에서 벌어지는 상황을 비교하며 이해하기 쉽게 이어나가는 효과를 가져왔다.

MBTI(Myers-Briggs Type Indicator)는 칼 융(C.G.J)의 심리유형론을 근거로 캐서린 브릭스(Katharine C.Briggs)의 자녀 이사벨 마이어스(Isabel Briggs Myers)가 연구 개발한 인간 이해를 위한 성격유형 검사이다. 사람에게 고유의 타고난 색깔과 향이 있으며 나를 알고 상대방을 알면서 서로의 틀림이 아닌 다름을 이해하고 소통하도록 도움을 주기 위해 검사 도구로 사용되며 지금은 모든 연령층이 간이검사지로 본인의 성격유형을 잘 알고 있을 것이다.

㈜한국 MBTI 연구소는 부산 장산역 인근에 교육장이 있었고, 주말 이틀간 교육을 참여하였다. 시작은 전문검사지로 본인의 유형을 진단하고 동일유형이 나온 그룹으로 모여 '유형별로 일어나는 상황에 어떻게 할 것인가?' 토의하며 활동지로 발표하는 시간을 가졌는데 질문을 신중하게 읽고 작성한 나의 검사 결과는 ESFJ 친선 도모형이었다. 사람에 대한 관심이 많고 친절과 동정심을 바탕으로 타인에게 봉사하는 성향으로 사교적이며 사람들

과의 관계 형성을 좋아한다. 그리고 인간관계를 중요시하며 타인의 감정변화를 빨리 인지하는 장점과 타인을 의식하고 눈치를 보며 쉽게 거절하지 못하는 단점이 있다는 해석표를 보고 '어? 아닌 것 같은데.' 생각했다. 지금은 전문적인 해석이 가능한데 당시에는 반대유형과의 차이를 알기보다 나의 유형만을 생각해 아주 높은 외향형과의 대화가 어려운 이유를 뒤늦게 알 수 있던 교육이었다. 그리고 초급교육을 끝내고 필수는 아니지만 대부분 보수교육도 신청했는데 나는 보다 다양한 교육을 듣고 싶어 초급교육으로 마무리했다.

　에니어그램은 그리스어로 9개의 점이 있는 그림을 뜻하고 사람을 9가지 유형으로 분류할 수 있으며 어떤 사람이라도 그중 하나의 유형에 속한다고 볼 수 있다. 우리를 억압하고 있는 요소로부터 자신을 해방하고 우리의 변화 가능성을 발견하게 함으로써 삶의 궁극적 목적으로 자아실현을 도모할 수 있는 검사이다. 여성새로일하기센터에서 진행한 교육으로 소지하고 있던 내일배움카드 재직자 교육과정으로 등록 후 심리검사 실무 총 21시간을 수료했다. 평일 저녁과 주말을 포함한 교육은 나에게 피로감을 주었고, 해당 교육이 끝난 뒤 '당분간 교육은 듣지 않겠어!' 다짐했다. 하지만 교육 강사님은 지금 듣고 있는 교육이 끝날 무렵, 일반 강사를 할 수 있는 과정을 안내했고 교육생 모두가 1단계 교육과정 10시간, 2단계 교육과정 10시간, 3단계 및 검사지 교육과정 16시간을 포함한 총 41시간의 교육을 추가로 듣고 한국형 에

니어그램 일반 강사 자격증을 받았는데 현장에서는 Holland 검사나 MBTI 검사를 사용하다 보니 몇 번 사용하지 못하고 어느새 시간이 흘러 검사방법과 해석은 내 머릿속의 지우개처럼 기억에서 영원히 사라졌다.

한국직업상담협회에서 주관하는 민간고용서비스 전문교육은 민간고용서비스의 질적 제고와 직업상담원의 역량 강화를 위해 고용노동부가 주최하고 사단법인 한국직업상담협회가 주관하는 교육으로 매주 토요일 8주간 초량동 YWCA 교육장에서 진행했다. 타인의 추천이 아닌 우연히 인터넷 검색으로 알게 되어 현장 실무에 도움이 되기 위한 교육이라 생각하고 참여했다.

교육 첫날, 시간에 맞추어 도착했는데 여기서도 남성은 나 혼자였고 몇 명은 동료와 함께 왔는지 대화를 나누는 모습을 보며 '나는 어디에 앉을까?' 두리번거린 뒤 맨 앞줄 비어 있는 자리에 앉았다. 잠시 후 누군가가 나의 어깨를 톡톡 쳐서 뒤돌아보았고 1년 전, 고용복지플러스센터에 계약직으로 근무했던 동료였고 같은 부서에서 근무하지는 않았으나 오다가다 자주 마주쳐 일면식이 있어 자연스럽게 인사를 했다. 현재 민간기관에서 근무하고 있고 단지 자기계발 목적으로 교육을 참여하게 되었다는 말씀을 하며 나의 근황도 물어보셔서 지금 하는 업무를 말씀드렸다. 청일점으로 교육 진행 중에도 간혹 시선이 나에게 몰리는 경향이 있었고, 이런 상황들이 부담스러워 교육을 중간에 포기할 생각도 했다. 하지만 수료증은 받자는 결심으로 계속 교육에 참여했고,

시간이 흘러 교육은 막바지로 향해 있었고 교육 종료와 함께 직업카드분류 150T 자격을 얻게 되었다.

현장에서 청소년과 일반인을 위한 직업카드분류 150T를 실시할 수 있는 자격으로 3년마다 보수교육 6시간 이수 시 연장되는데 업무를 수행하는 과정에 교육을 받지 않아 이제는 자격조건이 되지 않지만 지금도 현장에서 직업카드분류는 주제에 따라 실습도구로 사용되는 것을 보기도 했다.

그리고 부산에서 받는 교육은 숙박이 아닌 자택에서 출퇴근하며 들었는데 간혹 서울이나 천안에서 진행하는 교육을 듣게 되면 2인 1조로 숙박을 사용했다. 평소에도 낯선 곳이나 주변의 소음이 없어야 잠이 드는 예민한 성격이라 '잠을 제대로 잘 수 있을까?' 고민했다. 한번은 나보다 연배가 있는 교육생분과 함께 숙소를 사용했는데 일찍 주무시기보다 이른 새벽 메이저리그 류현진 선발경기를 시청하셔서 잠을 제때 자지 못했고 결국, 직무교육을 받을 때 졸기도 해 다른 교육생에게 피해를 주기도 했다. 이후에는 교육을 참석하게 되면 일찍 도착해도 일부러 맨 마지막으로 교육장에 들어가 운이 좋으면 혼자 숙소를 이용할 때도 있었고 때로는 함께 근무하는 동료와 교육을 신청해 숙소를 사용하기도 했다.

인사명령

내가 소속된 민간기관은 고용노동부 사업과 도청사업을 위탁받아 운영했다. 핵심 사업인 취업 성공패키지 외에도 청년이 기업에 채용되면 기업지원금을 지급하는 청년인턴제, 취업희망프로그램, CAP 플러스 프로그램, 단기집단 프로그램 그리고 지역 내 채용박람회를 진행하며 10명이 넘는 직원이 각 부서에서 업무를 수행했다.

그리고 12월 초겨울, 울산에서 특성화고등학교 재학생 대상으로 이틀간 취업캠프를 진행했고 행사가 끝난 뒤에는 한 해를 마무리하는 회사 워크숍을 별도로 진행했다.

먼저, 각 사업부 성과보고 외에도 성과우수자에게는 한 단계 높은 직급이 부여되었고, 차년도 사업목표를 들으며 새롭게 충원되는 외부인력을 만나는 자리로 마무리되었다.

나의 부서에 함께 근무했던 관리자는 대리 직급으로 승진되었고, 제조업체에서 회계 업무를 하셨던 외부인력이 과장 직함으로 회사 운영을 맡게 되면서 새로운 조직체계로 새해를 맞이하게 되었다.

나보다 한 살 많은 대리님과 회사 운영을 전반적으로 맡게 된 동갑 과장님은 겉으로는 부드러우나 굳센 성향의 외유내강형으로 쉽게 다가가기 힘든 존재로 나를 부르면 '내가 무슨 잘못을 했을까?' 덜컥 겁부터 났다.

여전히 상담사로 내담자를 배정받아 개별상담과 한 달에 두 번 집단상담프로그램 교육 강사 역할을 충실히 했고 간혹, 동료의 관리하기 어려운 내담자는 내가 배정받아 상담하며 동행면접이 필요할 경우 소지하고 있는 자차로 함께 이동해 취업 성과를 높이려 노력했다. 하루는 평소처럼 사무실에서 전산입력과 행정서류를 검토하며 업무를 수행하는 도중, 올해부터 함께 근무하게 된 과장님의 호출이 있었다.

'뭐지? 되게 긴장되네.'

잠시 후 똑! 똑! 두 번의 노크로 "네, 들어오세요." 1초, 2초. 문을 열고 들어가 가벼운 목례를 하고 자리에 앉았다.

평소 내담자와 상담을 하러 들어갔던 상담실과는 다른 차가운 공기가 맴돌았고, 긴장된 상태로 서로 마주 보고 있었다.

"음···. 성우 씨, 제가 며칠간 사무실에 상주하며 직원분들의 업무태도를 유심히 관찰했는데, 주변의 눈치를 많이 본다는 느낌을 받았어요. 그리고 소극적인 태도는 관리자의 눈으로 봤을 때 좋지가 않습니다. 회사를 놀이터로 생각을 바꾸어 보는 건 어떨까요?"

새로 온 과장님은 내가 하는 행동 일거수일투족을 보셨고, 당근과 채찍을 곁들인 조언을 하시며 개선된 나의 모습을 바라셨다. 본격적인 조직생활은 처음이라 나에게 하셨던 말의 의미를 찾는 데 생각만큼 쉽지 않았고, 오랜 시간이 지나도 해결방안이 무엇인지는 알지 못해 오히려 사무실 안에서의 나의 행동은 이전보다 위축되어 눈치를 보는 상황이 계속 연출되기도 했다.

몇 개월 후 과장님은 본사가 아닌 다른 지사에 업무를 관리하게 되어 매일 상주하지 않으셨지만 개의치 않고 업무에 집중하며 담당 주무관과 자활담당자에게 매월 실적보고를 하며 분기별로 한 번씩 진행되는 점검과 업무를 계속 수행했다.

내가 가장 자주 했던 실수로는 공문을 작성하면서 숫자나 단어를 잘못 표기하거나 엑셀 파일로 데이터 추출하는 과정에서 오류가 발견되기도 했고, 특히 하나의 숫자로 수치가 달라지는 실수가 반복되었다. 업무보고서를 제출하는 과정에서 대리님의 지적은 기분이 나쁘기보다는 나 자신이 부끄러워 쥐구멍에 숨고 싶었는데 이런 고민을 털어놓을 동료가 없어 업무 외적으로 힘듦이 많았다.

시간이 흘러 1년 하고도 두 달이 지난 벚꽃이 만연하게 피던 어느 봄날은 '지금 하는 일을 계속해야 하나?', '그만두고 다른 회사를 가볼까?' 고민이 있던 시기였다. 평소에는 퇴근 후 집에 돌아와 저녁을 먹고 TV를 보며 하루를 마감하는 패턴이 채용정보를 훑어보는 시간으로 늘어났고, 우연히 발견한 한국법무보호복지공단 직업상담사 무기계약직 모집공고를 보게 되었다. 정확하게 누구의 대상으로 하는 업무인지 몰라 공단 홈페이지를 접속하여 '출소자 대상으로 직업상담 및 집단프로그램을 운영하는 업무'를 확인하며 '아! 지금 하는 업무와 비슷하네. 참여자 유형만 다를 뿐, 지원해 볼까?' 하고 생각했다.

직업상담사 자격증 소지자와 업무 경력 6개월 이상에 해당하는 자는 지원요건이 충족하여 첨부파일에 등록된 지원서를 다운로드 후 응시원서와 자기소개서를 유심히 보았다.

'갈등 사례에 대한 구체적 해결방안', '직업상담사의 업무 소신과 윤리강령', '본인의 가치관을 조직에서의 어떤 역할로 수행할 것인지' 등 기본적이면서도 난해한 질문이 많았는데 며칠간 내용을 작성하고, 마감기한을 앞둔 시점에 점심시간을 이용하여 빠른 등기로 접수를 완료했다.

며칠 후 업무를 보는 도중 한 통의 메시지를 확인했고, 서류합격 되어 면접 일정이 포함된 내용을 보며 한편으로는 기분이 좋았지만 내심 걱정이 된 건 연차를 결재받으려면 회사 내규에 따라 사유를 반드시 작성해야 했다. 그렇다고 '면접참석이라고 할 수는 없지 않은가?' 당시에는 구체적인 사유를 말해야 승인을 해주는 분위기로 대부분 주말이 포함된 금요일을 사용했는데 특이하게 화요일 연차 결재요청에 관리자는 의아해하셨고, 개인용무로 하루를 쉬겠다고 말하며 서울로 향하는 열차에 탑승했다.

다양한 경로로 검색을 했는데도 면접을 보게 될 기관의 정보는 찾기가 어려웠고, 내가 제출한 입사지원서와 홈페이지에 있는 정보만 요점정리 후 면접 장소에 도착했다. 면접장에는 평소와 다른 느낌이 들었고, 10명의 면접자 중에 남성 지원자가 7명 정도로 여성 지원자보다 많아 보였다. 그런데 처음 본 사이가 아니고선 친밀감이 두텁게 보여 조심스레 다가가 물어보니 각 지부에 속해 있는 기간제 근로자로 무기계약직 채용전형에 면접을 보러 왔고, 분기별로 각 지부 간담회 참석을 통해 알게 된 경로를 확인할 수 있었다.

'왜? 슬픈 예감은 틀리지 않는 것일까?', '그래, 주어진 기회만큼 최선을 다해보자.'

면접장에는 세 분의 면접관이 계셨고 목례를 한 뒤 자리에 앉았다.

먼저 30초 동안 자기소개를 했고 답변하기 어려웠던 질문 중에 '현재 민간기관에 재직 중임에도 불구하고 지원하신 이유가 무엇입니까?', '출소자 대상으로 상담을 할 때 가장 중요한 상담사의 자질은 무엇이라고 생각합니까?', '다른 지원자보다 자신만의 경쟁력은 무엇입니까?' 오래전 일이라 기억이 가물가물해 소신 있게 답변은 하지 못하고 얼버무리면서 나왔다. 그리고 생각할 겨를도 없이 빠르게 서울역에 도착해 부산으로 내려가는 열차를 타고 집으로 내려왔고 다음 날, 불합격 연락을 받았다.

다시 일상으로 돌아와 업무를 수행하며 직무 스트레스가 다소 발생하는 상황이 반복되면서 함께 근무하는 직원들과 대화도 점점 줄게 되었다. 1명의 직원이 성과가 저조해 회사에서 준비한 내부교육으로 노력을 했는데도 불구하고, 개선이 되지 않아 다른 직무로 배치를 전환했고, 업무지원자가 전담자로 변경되며 공석이 된 지원자는 사회복지사 2급 자격증이 있는 신규직원이 채용되었다.

대리님은 변화된 조직의 내구성을 강화하기 위한 업무분장표를 나눠주며 각자 수행해야 할 역할을 예전보다 명확하게 그려주셨고, 나는 내부업무보다 외부업무의 비중이 이전보다 늘어났다. 아무래도 기동성이 필요한 외부업무를 내가 맡게 되면서 신규 구인업체를 발굴하며 기업체를 운영하는 대표님 또는 실무자분과의 만남이 잦았다. 구직자 채용을 높이는 노력 외에 경영관리의 피드백을 듣게 되었는데 오래전 특성화고등학교 졸업 전 자동차 제조업체에 근무했을 때와는 다른 위치에서 현장을 둘러보며 비즈니스 관계로 발전하는 계기가 되었다. 또 하나는 채용공고가 등록되지 않더라도 구인업체 담당자가 직접 나에게 구직자 면접 의뢰를 주시기도 하였고, 이런 경우에는 함께 근무하는 동료에게 정보를 제공하며 한두 명 면접을 진행해 관계를 계속 유지했다. 채용이 이루어지게 되면 근무 시작 전 지정된 병원에서 일반 채용 건강검진을 필수로 진행했는데 기본적인 절차를 직접 눈으로 보게 되면서 채용 프로세스의 중요성을 알게 되었다.

그리고 내담자와 함께 구인업체에 도착해 면접장에 들어가 긴장을 풀어주기 위해 동석하기도 했고, 부담될 경우 밖에서 대기할 때도 있었는데 개별상담 때와는 다른 모습을 보기도 해 대답을 잘하지 못했을 때는 내가 관여하여 분위기를 바꿔주려고 노력했다.

이렇게 또 한 해가 흘러 전국단위 성과지표를 확인했고 우수한 성과를 달성하여 차년도 사업이 연장되었다. 그리고 나름대로 업무 요령도 생겨 적어도 하나를 지시하면 2개의 업무를 해내거나 업무와 관련된 아이디어가 있다면 대리님에게 제안하며 직업상담사의 자부심을 가지며 스스로 성장하려고 노력했다.

올해 봄에도 지하철역에 내려 회사로 걸어가는 주변의 상점에는「벚꽃 엔딩」음악이 흘러나왔고, 점심을 먹은 뒤 산책도 하며 일반 직장인의 모습으로 지냈다. 그러면서 내 휴대전화 연락처에는 내담자와 구인업체 담당자의 번호가 점점 늘어났고 처리해야 하는 행정업무로 정시퇴근이 쉽지 않았는데 내가 바라는 연봉은 회사가 생각하는 것과 차이가 커 동기부여가 필요했다.

"성우 씨, 오늘 저녁 시간 있어요?"

평소와 다름없이 퇴근을 앞둔 시간, 대리님은 나에게 저녁을 먹자고 제안하셨고, 특별한 일정이 없던 난 대리님과 함께 회사 인근 조용한 술집에 들어가 마주 앉았다. 가끔 퇴근 후에 저녁이나 맥주를 마셨던 적이 있어 '오늘은 대표님에게 어떤 핀잔을 들고 나에게 하소연을 하실까?' 생각했고, 자주 드셨던 맥주와 안주가 나오고 한 모금을 마신 뒤 나에게 말씀하셨다.

"지금 다니고 있는 회사를 그만두게 될 것 같아요."

"네? 그만두신다는 말씀이세요?"

난 잠시 놀란 표정을 지었고, 대리님은 "개인적인 일이 있는 건 아니고 다른 민간기관에 제안이 들어와 오랜 시간 고민한 뒤 결정을 했고 이미 대표님과 과장님께는 말씀을 드려 최종 승인을 받았다고….", "그래도 지난 2년간 동고동락하며 함께 일을 해왔기에 가장 먼저 얘기하는 것이며 내가 진행하는 관리자의 역할을 해주면 좋겠다."라고 하셨다.

며칠 후 대리님의 퇴사절차는 이루어졌고, 난 하나의 상자에 가지런히 담은 대리님의 짐을 차량에 옮겨드렸다. 민간기관 본부장으로 이직하게 된 대리님은 사전에 정리해 놓은 업무 프로세스 파일이 담긴 자료를 나에게 따로 주시면서 악수와 함께 마지막 인사를 하고 다음을 기약하며 헤어졌다.

그리고 2014년 5월, 전 직원이 업무를 공유하는 메신저의 인사명령서에는 나를 포함한 몇 명의 직원의 보직이 변경되었고 나는 대리로 직급이 변경됐다.

왜, 내 주변에는
이상한 사람이 많을까?

　대리님은 퇴사 전 직원들의 성과분석을 하면서 나보다 먼저 입사한 동료가 아닌 나를 대리로 추천해 주셨고, 승인이 이루어졌는데 이런 사실을 전혀 알지 못한 난 당황했고, 과장님과의 면담을 요청하며 마주 앉은 자리에 관리자 역할의 거절 의사를 밝혔다.
　"과장님, 저보다 나이와 경력 그리고 먼저 입사한 동료가 있는 상황에서 지금처럼 업무를 보좌하며 수행하고 다음번에 기회가 오면 해보겠습니다."
　내 얘기를 듣고 계셨던 과장님은 "성우 씨, 직원들의 업무성과와 직무 태도에 있어 다른 직원보다 모범적이고 솔선수범하며 전체지표에서 우수한 성과를 확인하였고 대표님의 결재 처리가 되었으니 잘하여 주시기 바랍니다."
　참 이상한 일이다. 2년 전 입사를 하고, 여느 때와 다름없이 점심을 먹고 밖에서 담배를 피우고 있었는데 때마침, 외부업무를 보시고 잠시 들리신 대표님께서는 나를 보시더니 "내가 왜 너를 뽑았는지 모르겠다.", "더 열심히 해봐!" 말씀하셨던 적이 지금도 기억에 남아 있는데 승인처리가 되었다는 말에 조금은 의심스럽고 의아했다. 어쨌든, 과장님은 나에게 자신감을 가지고 한번 해보라 하셨고 그대로 자리에서 일어났다.

그리고 함께 업무를 하고 있던 동료 몇 명은 인정할 수 없었는지 "왜! 내가 대리 직급으로 보직변경이 되었는지?" 그 이유를 알고 싶어 과장님과 면담을 요청하는 광경을 넌지시 바라보기도 하며 스스로 흔들리지 않으려 했다.

며칠 후 과장님은 나에게 "대리님은 나와 같은 82년생이니 동갑이네요. 회사 인사기록카드를 확인하니 조직생활 하면서 리더로서 경험이 전무 하시죠?" 물으셨다.

"네, 맞습니다."

"쉽지 않을 겁니다. 그래도 기회는 주어졌으니 열심히 하도록 하고 어려운 상황이 발생하면 언제든지 말씀해 주시기 바랍니다."

"네, 알겠습니다."

과장님과 짧은 면담으로 새로운 조직체계의 업무가 다시 시작되었고, 시간이 지나면서 개인적인 느낌은 서비스업 기반이 반영된 업무가 아닌 제조업 기반이 된 업무시스템으로 변화되기 시작했다. 그리고 수직적인 조직문화는 나를 비롯한 동료들은 업무 스트레스를 받게 되면서 건의사항이 늘어나기 시작했고, 이를 보고하고 다시 전달하는 상황이 내가 하고 있던 업무에도 영향을 끼치게 되었다. 이러한 상황이 반복되고 중간관리자로서 역할 수행이 미덥지 않았는지 불만이 속출하며 결국 2명의 업무 이탈자가 발생되었다. 그러면서 다시 신규직원을 채용하여 업무를 가르치는 상황이었고, 아무래도 청일점으로 동료들과 소통적인 면에서도 말의 요점이 꼬이기 시작하면서 가장 중요했던 신뢰가 무너지기 시작하는 걸 느꼈다.

그리고 업무 시작 전 회의를 하더라도 나와의 시선을 마주치지 않다 보니 나만 말하고 답변을 듣지 못하는 광경이 발생했고, 업무속도가 이전과 다르게 더디게 흘러가면서 혼자 나서서 처리하다 보니 하루 8시간이 부족해 주말에도 혼자 나와 업무를 수행하며 심신은 지쳐갔다.

"성우야, 오랜만에 보는데 왜 이리 얼굴이 퀭해 보여?", "마른 체형인데 볼살이 더 들어간 것 같아." 오랜만에 보는 친구의 첫 마디이기도 했는데 간담회를 하거나 구인업체를 방문하면 관계자에게 종종 듣는 말이기도 했다.

이런 말들이 나에게는 더욱 스트레스로 다가왔고, 관리자의 업무를 수행하며 6개월이 지났을 무렵, 과장님과 면담을 요청했다. 그리고 그 자리에서 다른 말보다 왼쪽 주머니에 있던 사직서를 꺼내 제출하였고, 평소보다 더 깊은 침묵과 정적이 흐르기 시작했다.

과장님은 나에게 "이유가 뭐죠?" 물으셨고 난, "관리자로서 업무를 수행하기에는 감당하기가 어려울 것 같습니다."라고 말씀드렸다.

잠깐의 정적이 흐르고 "지금 제출하신 사직서는 안 받은 것으로 하겠습니다." 과장님은 내가 보는 앞에서 단번에 사직서를 찢으셨고, 쓰레기통에 버리고 오라고 하셨다. 그리고 점심시간이 겹쳐 나를 차량에 태운 뒤 조용한 식당으로 자리를 옮겼고 나에게 소주잔을 건네주셨다.

"과장님, 지금 업무 시간이라 마시기 힘들 것 같습니다." 술을 입에 대지 못하는 체질로 처음에는 거절 의사를 밝혔지만 한 잔만 하라는 성화에 못 이겨 들이켰고, 잠시 후 붉어진 얼굴로 과장님 말씀을 귀담아들으려고 해도 들리지 않았다.

과장님은 나에게 "힘든 거 잘 알고 있습니다." 우선 사업종료가 얼마 남지 않았으니 업무에 집중하고, 나중에 다시 얘기를 나누자고 하셨다. 그리하여 사직서 제출 사건은 잠시나마 일단락되는 듯했으나 나의 행동이 또 어떻게 전해졌는지 평소보다 사무실 분위기는 더욱 차갑게 느껴졌다.

그나마 잠시나마 즐겁고 행복했던 시간 중 하나였던 생일인 동료가 있을 땐, 서로 축하하고 케이크를 나눠 먹으며 업무를 시작했는데 이러한 상황이 내가 있을 때는 무감정으로 진행할 만큼 분위기는 냉랭했다.

두려움을 극복하는 방법

시간이 지나면서 여느 때와 마찬가지로 업무를 수행하면서 집단상담프로그램 진행과 기업체 관리 그리고 한 달에 한 번 구청 자활담당자에게 프로그램 참여자 보고를 드리는 반복된 일상이 계속되었다. 주기적으로 집단상담프로그램을 진행하면 성별과 나이 그리고 참여유형이 다르기에 분위기가 매우 좋게 끝나거나 혹은 그 반대일 경우도 많았는데 서로 조언하기에는 어려움이 많았다. 그리고 무엇보다 나의 고민은 10명 남짓한 교육생이 나를 보는 시선이 두려웠고, 이 상황을 어떻게 극복해야 할지 생각이 많았다.

평일 오후, 가을이라 떨어지는 낙엽을 바라보며 때로는 옆의 코를 찌르는 은행의 냄새를 맡으며 구청 자활담당자와의 짧은 미팅을 종료하고 입구 밖을 나와 자판기에 있는 음료수 한잔과 담배 한 모금을 피우며 잠시나마 휴식을 취하고 있었다.

그런데, 저 멀리 구청 입구에 보이는 흰색과 노란색이 적절하게 혼합된 아주 긴 현수막 하나가 눈에 들어왔고, 그것은 바로 전국노래자랑 예심신청이었다.

이제는 보고 싶어도 볼 수 없는 송해 선생님께서 진행하셨고, 우리에게 큰 웃음을 안겨주었던 프로그램으로 평소 즐겨보지는 않지만 처음 만나는 사람 앞에서 또는 집단프로그램을 진행하는 데 두려움을 극복하고자 하는 생각에 무작정 예심신청을 하고 밖으로 나왔다.

평소 노래는 차량으로 출퇴근하며 듣기만 했을 뿐, 부르지 않았는데 밑바닥으로 떨어져 있던 자신감을 끌어올리기 위한 선택이었고, 막상 예심신청을 한 뒤 어떤 노래를 해야 할 것인가에 대한 고민이 더욱 깊었다.

당시에는 동영상 플랫폼이 활성화되지 않았고, 인터넷 검색으로만 정보를 찾아 며칠간 고민을 하던 중 초등학교 때 TV 앞에서 혼자 까불거리며 춤을 추며 찍었던 사진 한 장이 생각났고, 심신의「오직 하나뿐인 그대」곡목을 정했다. 혹시 모를 상황에 대비해 여기저기 서랍장을 뒤져 먼지가 잔뜩 쌓여 있던 맥아더 장군이 쓰던 선글라스를 찾아 깨끗하게 닦고 만반의 준비를 하며 예심 당일 평소처럼 회사로 출근했다.

예심을 앞둔 시간은 평일 오후로 그 누구에게도 알리지 않은 채 구청 자활담당자와의 미팅하러 간다는 얘기를 하고 구청 내부에 마련되어 있는 대강당으로 향했다.

처음 현장 접수했을 때, 예심번호가 167번으로 예심이 시작되고 '한참 지난 후 내 번호가 불리겠지?' 생각하며 다른 참가자의 예심을 지켜봤다.

'이렇게 흥이 넘치는 사람들이 많다니?' 예심을 지켜보며 웃다가 눈물이 날 정도로 재미있었고, 1시간 반이 지나 이제 150번 대의 번호가 불리고, 잠시 후 그렇게 불리고 싶지 않았던 "167번 올라오세요." 호명되어 한 계단씩 밟으며 아주 천천히 강단으로 올라갔다.

평일 오후임에도 불구하고 200명이 넘는 분들이 자리에 앉아 모든 시선은 나에게 쏠렸고, 머리는 멍해지며 이마에는 식은땀이 흘러내리며 손은 저리기 시작했다.

1차 예심은 음악 없이 현장에서 무반주로 노래를 한 뒤 통과되면 당일 저녁 준비된 음악으로 2차 예심을 진행했다. 2차 예심까지 합격하신 분들은 비로소 본방송에 출연할 수 있었고, 난 본방송 출연의 목적이 아니었는데도 긴장감은 더욱 몰려왔다.

먼저, 나를 보고 있는 관객분에게 정중한 인사를 드렸고, 오히려 조금이라도 어두워 보이는 게 마음이 훨씬 편했다. 잠시 뒤로 돌아 미리 준비했던 선글라스를 착용한 뒤 정면을 바라보았다. 잠시 후 소수의 몇 분께서는 박수를 보내주셨고, 이제는 보여줄 때가 되어 쌍권총 춤을 추며 노래를 두 마디를 불렀는데 '땡!' 하는 실로폰 소리에 황급히 강단에서 내려왔다. 그래도 박수를 주셨던 관객분에게 감사의 인사를 짧게나마 했고, 이렇게 나의 일탈은 끝이 났다. 그때 '만약, 예심 통과가 되어 본방송에 나가게 되었다면 어땠을까?' 생각했던 내 모습을 보며 웃음이 나왔고, 수많은 관객 앞에서 노래를 부른 뒤에는 집단프로그램을 떨림 없이 진행할 수 있게 되었고 지금도 현장에서 상담과 교육 강사를 하는 이유이기도 하다.

10월이 되어 지난 1년간의 노력의 결실을 알 수 있는 성과를 기다리고 있는 상황으로 나는 차년도 사업준비에 박차를 가하고 있었다. 하지만 여전히 어색한 침묵만 흘렸던 사무실에서 함께한 동료들은 하나둘씩 나에게 퇴사 의사를 밝혔고, 현재 상황을 과장님께 보고드리니 직원과의 개별 면담을 끝으로 사직 처리가 되었다. 마지막 근무일까지 아무 일도 없었던 것처럼 업무를 했고, 퇴근할 때 "그동안 고생 많으셨습니다." 말로 헤어짐을 마무리했다.

우리는 누군가를 만나 대화를 나누면 나와 생각하는 가치관이 다르면 이상한 사람이라고 생각하기도 하는데 사실, 그것은 그 사람을 비하하는 것이며 타인에 대한 예의가 바르지 못한 행동일 수가 있다. 그런데 이러한 행동은 나도 하게 되며 나와 타인이 서로가 이상한 사람이라고 생각하는데, 하나의 목표를 달성하기 위한 각자의 노력이 필요하며 개인이 가지고 있는 가치관이 다르기에 이것을 극복하는 것은 언제나 풀리지 않는 숙제이지 않을까?

"대리님, 왜 제가 퇴사 의사를 밝힌 직원분들의 사직서를 결재해 주었다고 생각하나요?"

내가 생각하는 과장님의 이미지는 간단한 질문이 매우 어려운 질문으로 보이는 다가가기 힘든 사람이었다.

"잘, 모르겠습니다."

"각자의 이유가 달랐지만 한 직원분은 이렇게 말을 하더군요. 박성우라는 사람이 인간적으로 싫다고…."

"그럼 그때, 왜 제 사직서를 반려하셨나요?"

"누구나 한 번의 고비는 오게 됩니다. 기회를 드리고 싶었고, 이제 대리님과 함께 근무했던 직원은 없습니다. 대리님의 체제에서 팀을 꾸려 신명 나도록 업무를 해보시기 바랍니다."

'신명 나게? 도대체 무슨 뜻인지….'

지난 시간 함께했던 동료는 이제 자리에 없고, 새로운 사람과 오로지 나의 팀이 만들어지는 순간, 난 '다시 어떻게 하지?'라는 수수께끼의 문제의 정답? 아니 해답을 찾으려 다시 먼 바다의 항해를 시작했다.

집으로 가는 시간은
멀고도 멀다

　12월이 되면 사업을 수행하는 모든 기관은 사업 결과에 따라 희비가 엇갈리고, 각 사업부는 신규 사업계획서에 관한 발표자료를 만드는 데 주말도 반납하며 심혈을 기울여 팀원이 준비한 자료를 검토한다. 그리고 관리자는 하나의 사업제안서를 작성하는 가장 바쁜 시기로 사업예산을 산정해 신규인력을 배치해야 하는 과정은 3년 차인 내가 하기에는 다소 버거웠다.

　처음으로 사업신청서를 작성해야 했는데, 과장님은 나에게 다른 지역 신규 사업까지 준비하라는 업무지시를 추가로 받게 되었다.

　고용복지플러스센터와 민간기관에서 진행하던 참여유형이 서로 변경되어 사업예산이 증액되고 상담사의 인력 현황과 경력사항 그리고 직무프로그램 수료증도 중요해 경쟁력 있는 사업제안서가 필요했다. 꾸준히 고용노동부 사업 외에도 유사사업을 해온

기관이라 내용 구성에는 어렵지 않았으나 사업공고의 사업자 선정 항목에 기재된 사업계획의 타당성, 독창성, 사업수행 능력의 현실적인 수행이 어떻게 가능한가의 기준을 이해하는 것이 가장 어려웠다.

수많은 양의 자료를 수집하고, 형식에 맞추어 신청서를 작성하는 과정에서 개별상담을 하며 틈틈이 하기에는 시간이 부족해 업무가 끝난 시간 또는 주말에 출근해 작성했는데도 불구하고 마감기한 내 제출하기에는 빠듯했다.

하나의 사업신청서를 만드는 과정이 처음인 나에게는 산을 오르면 정상에서의 해방감을 느낄 수 있는데 아무리 올라가도 정상은 보이지 않는 느낌이었다.

사업신청서를 제출하고 마지막 관문인 심사위원 앞에서 5분간 사업발표를 한 뒤 심사위원의 질의응답 답변은 어떤 질문이 나올지 몰라 전전긍긍하고 있었고, 기존 사업을 운영하는 지역과 새로운 신규 사업을 운영하는 지역 총 2개의 사업발표의 예상질문은 확연히 다를 것으로 생각했다. 그 누구도 경험이 전무 했기에 스스로 해야 했고, 하나하나를 짚어가며 발표할 내용을 정리했다. 어느 정도 내용을 정리하면 눈에는 익히기 시작했으나 말을 자연스럽게 하기까지는 멀어 보였고, 반복 또 반복의 연습을 거쳐 사업발표 하루를 앞두고 내 심장은 다시금 요동쳤다.

비공개로 진행된 사업발표는 발표자와 참관자 총 2명이 들어올 수 있었고, 5분의 시간 동안 준비된 사업계획을 말하는 것으로 눈에 보이는 아주 커다란 빔과 화면 오른쪽에 있는 타이머를 보니 순간 암기했던 내용이 백지장처럼 사라진 기분이 들었고, 숨을 크게 한 번 내쉬고 인사와 함께 사업발표를 시작했다.

1분 1초가 소중한 시간으로 절반이 지날 무렵에는 진행자가 쳤던 종소리는 때로는 빠른 호흡으로 말을 전달하였고, 다행히 준비했던 발표내용을 끝낸 뒤 심사위원분들의 질문이 이어졌다.

"사업운영에 전반적인 성과를 달성하기 위한 구인업체 발굴계획은 무엇입니까?", "취업률 제고 방안은 무엇입니까?", "다른 기관보다 경쟁력은 무엇입니까?" 번뜩이는 아이디어를 말하기보다 형식적인 답변만을 했는데, 내가 잘했기보다는 현재 수행하고 있는 사업과 더불어 유사사업의 성과달성으로 기존 사업과 신규 사업선정 통보서를 받게 되면서 이제 2개의 지역에 사업을 시작하게 되었다.

2015년 1월, 세 가지 변화가 나타났다. 첫 번째는 사업확장으로 신규직원을 채용하는 과정에서 90년대생이 새롭게 투입되었고, 두 번째는 취업 취약계층 대상자가 아닌 청년층과 중·장년층 취업지원서비스 대상자가 변경되어 상담사의 직무 역량 강화가 필요한 시기였다. 그리고 과거에 진행한 집단상담프로그램 운영이 자율화가 되며 취업실적이 한층 강화되었다. 개별상담의 중요성으로 각 사업부 관리자의 사례회의는 주기적으로 진행되면서 실적관리에 부담은 너도나도 할 것 없이 모두 가지고 있었다.

어쨌든 부산과 양산 2개의 지사 외에도 김해 지사까지 실적관리가 중요했고, 업무를 수행하는 직원은 점점 늘어나면서 내가 해야 할 일도 부쩍 많아졌다.

참여유형이 변경되어 청년층은 대학 졸업자가 많았고, 희망하는 기업도 대기업, 공기업, 중견기업으로 취업 취약계층 대상자의 개별상담으로 발굴한 구인업체를 연결하기에는 미미해 입사지원서 클리닉과 모의면접의 중요성이 강조되었다.

"상담사님은 대학과 전공이 어떻게 되세요?" 간혹 국공립대 졸업예정자를 만나게 되면 듣는 질문으로 전문대를 졸업하고, 학점은행제로 사회복지학 학사학위를 취득한 나로서는 학력을 숨기기에 바빴다.

하지만, 20대 후반 구직활동을 하며 수많은 입사지원과 면접 경험은 청년층 대상자에게 적중했고, 이를 발판 삼아 주말에는 서점을 방문해 입사지원서와 관련된 도서를 구매하여 중요한 부분은 한글파일로 정리하거나 파워포인트로 강의안을 만들며 효과적인 정보를 제공하고자 더욱 노력했다.

내가 정리했던 자료 중에 조민혁 작가님의 『기적의 자소서』 내용을 간략하게 소개하면, 첫째, 자기소개서를 작성할 때 먼저 구직자 자신이 아니라 채용담당자의 입장으로 이야기를 전개해 나가야 한다는 것으로 '나'를 어필하는 방법은 나만의 이야기를 들려주는 것이다. 둘째, '어학연수', '국토대장정', '공모전 수상 경험'도 중요하지만 정작 인사담당자는 이런 경험이나 강점을 궁금해하기보다 입사 후 '조직융화력'에 대한 부분이 중요하고, 2000년 후반의 기업의 인재상과 2024년 기업의 인재상이 채용시스템에 맞추어 변화되고 있다는 것이다. 셋째, '협업에 뛰어난 인재'를 선호하는 이유는 개인적으로 업무를 수행할 경우 쉽게 성과를 내지만 유관부서와 협력하여 업무를 추진하거나 팀 프로젝트를 진행하는 경우 어려움을 겪게 되고, 배경과 환경이 다른 사람과 어울리며 그들에게 맞춰가야 하는 팀플레이를 제대로 해내지 못하는 경우가 많다는 것이다.

한 가지 더 말을 하자면 'S(Situation)', 'T(Task)', 'A(Action)', 'R(Result)' 기법이다. 지금도 현장에서 취업강의를 하면 구직자에게 반드시 제공하는 기법으로 구직자가 작성한 입사지원서를 검토하고 수정안을 제시하며 서비스를 제공했다. 이력서보다 자기소개서에 초점을 두면서 유년 시절보다 성인이 된 이후의 사회경험을 중요하게 생각했고 '단기계약직', '동아리 활동', '학점관리', '자격증 취득'으로 얻은 경험을 직간접적으로 표현하도록 했다.

그런데 나의 입사지원서는 아무리 적어도 어렵게 느껴졌는데, 타인이 작성한 내용은 문제점을 잘 긁어냈었고 구직자도 만족감을 드러내 보람을 느끼기도 했다. 그리고 세 번째 변화는 불과 얼마 전까지 나에게 무한한 기회를 주셨던 과장님께서 기존에 하셨던 중견기업의 회계업무 관리자로 이직하셨고, 그 자리에는 회사 설립과 함께 입사하셨던 나보다 두 살 많은 관리자가 과장으로 보직변경 되어 이제 새로운 관리자와 다시 시작하게 되었다.

멀티플레이어를
원하는 이유

"박 대리, 오늘 저녁에 시간 있나? 없어도 만들어!"
도청사업을 맡고 있던 과장님이 한 말이었다.
"네, 알겠습니다." 퇴근 후 회사 옆 식당에 가니 남자 직원이 모여 있었다. 잠시 후 대표님이 오셨고 "너희들, 요즘 힘들어 보여 오늘 고기 사 주려고 모이게 했다."
'대패삼겹살? 조금 더 쓰시지?' 난 '조용히 고기만 먹고 빨리 집에 가야지.' 하는 생각으로 불판에 있는 고기를 구우며 주변 동료에게 덜어주며 먹기도 했다.
연차가 쌓이면서 회사에서는 본 업무 외에 추가업무를 하며 발생 된 결과에 대한 성과급계획을 밝혔고, 타 부서의 단기집단프로그램, 도청사업, 채용박람회 지원 등 모든 업무를 수행할 수 있게 요청하셨다.

대표님과 과장님께서는 평소에도 업무를 하면 필요한 정보나 서류를 나에게 문의하셨고, 때로는 개인용무를 처리하며 하루가 금세 지나갈 정도로 바쁜 나날을 보냈는데 추가적인 업무가 부여되니 앉아 있던 남자 직원들의 굳어가는 표정이 눈에 보였다.

아무도 반박하지 않았다. 그럴 수밖에 없었던 건 대표님의 의견에 과장님은 이미 동의하였고, 자연스럽게 우리는 추가적인 업무를 해야 했다. 난 기존의 업무도 벅차 있던 상황으로 때로는 퇴근 후에도 대표님의 요청에 소규모 사업장에 방문해 직원을 채용하면 받는 지원금을 안내하는 일도 잦았고, 양산, 김해, 울산까지 이동하는 일이 계속 반복되었다.

그리고 내가 상담하는 구직자의 서비스제공은 주말에도 계속되었고 '간담회 참석', '기업체 관리와 내담자 면접', '주 사업 점검 준비', '직무교육', '단기집단 강의', '대학교 설명회' 등 업무는 줄어들지 않아 퇴근 후 집에 도착해 저녁을 먹으면 바로 잠이 들고 아침에 눈 뜨자마자 출근하는 지루한 일상으로 의미 없는 시간만 흘렀다.

그해 여름은 유난히 더웠고, 연차를 사용하지 못할 만큼 바쁜 나날을 수행하는 과정에서 모처럼 반가운 소식이 들렸다.

입사 후 맞이하는 두 번째 워크숍은 가장 많은 직원이 참여했고, 2시간 거리에 있는 산청에서 1박 2일 코스로 진행했다. 여러 대의 차량으로 나눠 이동했는데 난 스타렉스 운전사와 레크리에이션 진행자로 역할을 맡았고 나와 같은 직급의 동료는 장소 선정을 비롯한 전체일정을 담당하며 하루 전 최종점검을 확인한 뒤 모처럼 맞는 행사에 조금은 들떠 있었다.

레크리에이션 행사는 저녁에 음주 가무를 겸비하기보다는 놀이를 적용한 활동이 바람직하다고 생각해 업무 시간이 끝난 뒤 시간을 할애해 다양한 프로그램으로 구성했다.

첫 소절만 듣고 맞추는 음악퀴즈와 사진을 보고 가장 먼저 맞추는 인물 퀴즈 그리고 상식 퀴즈는 80~90년대생 직원들의 화합을 도모하려 했는데, 계획에 없던 상금을 주겠다는 대표님 말씀은 순식간에 전쟁터로 바뀌었다. 그렇다고 실제 싸움은 일어나지 않았고 팀별로 골고루 상금을 받아 게임은 종료가 되었고 각자 개별시간을 가지며 첫날 일정을 마무리했다.

이때까진 난 전혀 몰랐다. 이 안에 두 커플이 사내연애를 하고 있다는 것을….

다음 날, 산청의 이른 아침은 우리가 평소 즐겨보던 1박 2일의 어느 지역의 산 좋고 물 좋은 풍경처럼 상쾌했고 혼자 주변을 걸으며 생각에 잠겨 있었다. 저 앞에 보이는 손을 잡고 거니는 두 사람의 모습은 내가 평소 보지 못했던 광경이었고, 아는 체를 하기보다 내가 왔던 길을 다시 돌아갔다.

점심을 먹고 부산으로 돌아오는 길, 피곤했는지 탑승한 동료들은 모두 잠이 들어 있었고, 마지막 활동으로 휴게소를 지나 진례에 있는 패러글라이딩장으로 향했다. 너 나 할 것 없이 먼저 나서서 타려는 사람은 겁 없는 90년생 막내로 바라보는 것만으로도 무서움 그 자체로 용기 내 올라가는 몇 사람을 제외하고는 요지부동이었다.

'할까?', '말까?', '할까?', '말까?' 일어났다 앉기를 반복하며 지금 아니면 앞으로도 평생 타보지 못할 것 같아서 "이제 더는 타실 분 없으세요?" 교관님의 말씀에 난 비로소 자리에서 일어나 산 중턱으로 올라갔다.

장비를 착용하고, 뒤에서 함께 달려주는 교관님의 말씀을 잘 듣고 뛰어가면서 지면에서 동시에 발을 떼고 하늘을 향해 날아오르는 순간, 눈을 감아버렸고 뭔가 가슴 속 웅장함이 느껴질 때 눈을 다시 떠보니 교관님은 하늘을 날고 있는 나의 모습을 찍어주시면서 이리저리 이동하며 평화로움을 만끽하게 해주셨다. 두 번은 하지 못하겠지만 하늘을 날아 지면으로 내려왔을 때는 나와 함께 차량에 탑승했던 동료들만 기다리고 있었고 다시 운전대를 잡고 부산으로 내려와 집에 도착했고 피곤했는지 주말 동안 아무것도 하지 않고 잠만 잤다.

"박 대리, 거창 가봤어?"

다시 일상으로 돌아와 평소처럼 업무를 하던 중 대표님이 사무실에 방문하셨고 나를 부르신 뒤 내뱉은 첫 마디였다.

"예전에 1박 2일 경남 거창 편을 아주 재미있게 봤던 기억이 있는데, 가본 적은 없습니다."

올 한 해도 사업을 잘 마무리하여 차년도 사업은 계속 이어졌고 본·지사 외에도 대학교 분사무소를 포함한 총 25명의 직원 수를 보유하게 된 민간기관으로 발전했고, 또 하나의 지사를 설립하는 과정에 거창이 타깃이 되었다.

그리고 대표님은 나에게 1년 정도 거창에서 업무를 맡아줄 수 있는지 물으시며 며칠간 결정할 수 있는 시간을 충분히 주셨다.

거창은 산 좋고 물 좋은 작은 소도시로 겨울딸기가 아주 맛있고, 버스로 1시간만 이동하면 대구광역시로 진입할 수 있는 곳이다. 그리고 2개의 전문대학이 있는 곳인데 다른 것보다 '여름이 되면 더워도 너무 덥고, 겨울이 되면 추워도 이렇게 추울 수가 있을까?' 생각이 들 정도로 익숙하지 않은 곳이었다. 처음 거창 파견업무의 제안에 거절 의사를 밝혔으나 대표님은 나에게 "실무를 담당하는 직원 중에 너만큼 업무를 믿고 맡길 사람이 없다."라는 말씀에 반강제적으로 업무를 하게 되면서 사업승인을 받은 뒤 구인공고를 등록했다.

작은 소도시라 일주일이 지나도 지원자는 1명도 없었고, 지역 내 전문대학 사회복지학과 사무실에 방문해 졸업자 중에 적합한 인재를 요청하기도 했는데 추천자를 받지 못했다.

며칠 후, 대구지역에 거주하는 지원자를 확인했고, 면접을 보기 위해 만난 자리에서 회사와 10분 거리에 거주하고 있는 사실을 확인했다. 경력자가 지원할 거라고는 생각하지 않았기에 신입사원이 가지고 있는 성실함과 책임감이 보여 대표님께 보고 후 채용확정이 되었다.

나의 일정을 말하자면, 월요일은 본사에서 대표님 착석하에 전체 회의를 진행했고, 각 사업부의 현재 업무 진행과 개선사항을 확인했다. 그리고 지사를 방문해 돌아가고 있는 현황을 점검하고 대학교 내 분사무소 업무관계자와의 미팅으로 하루를 마무리했다. 화요일부터 목요일까지는 거창에서 업무 담당자로 상담과 신입직원 교육을 더불어 진행하고 금요일은 각 사업부에서 보낸 주간업무보고서를 정리한 뒤 대표님께 발송하였다.

화요일 오전에 거창으로 올라가는 길은 음악을 듣거나 때론 회사 관리자와 통화를 하는 일이 잦았는데, 목요일 늦은 시간 부산으로 내려가는 길은 암흑으로 어둡기도 했고, 졸음이 밀려와 위험한 순간이 자주 있었다. 결국, 5년간 타고 다니던 경차를 준중형 차량으로 교체해 2개의 차선을 달리는 도중에 큰 화물차가 지나가면 흔들거림은 없었다. 거창에서 나와 함께 근무했던 직원은 예의가 발랐고 부모님을 공경하는 마음이 아주 높았다. 회사 근처에서 오랫동안 한식집을 운영하고 계셔서 한 주에 두 번 정도는 직원의 손에 이끌러 밥을 먹었고, 하루는 고마운 마음에 다른 음식점에 들어가 직원에게 밥을 사 주기도 했다. 먹는 양이 많지 않아 소식하는 나에게 밥 한 주걱을 더 주려고 하셨던 직원의 부모님께서는 "퇴근 후에라도 생각나면 언제든지 들려서 밥 먹고 가세요." 따뜻한 말씀에 감사함을 느꼈다.

3일간 거창에서의 생활은 혼자 놀기에는 문화시설이 없어 퇴근 후 인근 식당에서 저녁을 먹은 뒤 편의점에 들러 간식과 다음 날 아침에 간단하게 먹을 식품을 구매하고 숙소에서 TV를 보며 잠을 잤다.

  그리고 지역 내 대학교와 업무협약을 체결하며 대강당에서 설명회 진행으로 참여자를 모집했고, 군청 홈페이지에 등록된 안내문을 보고 방문하는 분들이 조금씩 늘어났다. 6개월 후, 어느 정도 자리가 잡혀 나를 대신해 상담할 직원이 필요해 구인공고를 올리기 전 함께 근무하고 있는 직원이 이 지역에 지금도 거주하며 지내는 친구를 추천해 면접을 진행하고 채용되어 내가 관리하는 내담자를 인수인계하고 상담업무가 아닌 관리자로서 업무를 계속 수행했다.

직원의 의견을
들어야 하는 이유

"대리님, 제 얘기를 들어주시겠어요?"

업무에 시달려 눈코 뜰 새 없이 보내는 와중에 함께 근무하고 있는 네 살 적은 직원이 답답한 마음을 토로하고자 면담을 요청했다. 사무실에 온종일 상주해 있지 않아 직원과의 소통은 주로 메신저로만 했는데, 면담을 요청한 직원은 내가 새롭게 팀을 이끈 뒤 채용되어 퇴근 후에도 가끔 저녁을 먹으며 업무와 관련된 이야기를 하곤 했다.

저녁을 먹으며 술이 한 잔 들어간 자리에서 네 장 분량의 보고서를 나에게 주었고, 유심히 읽어보았는데 동료들의 장기적인 근속으로 경쟁력 있는 회사를 만들고자 하는 의지가 담겨 있는 내용이었다.

요컨대, '협의가 아닌 허락을 받아야 하는 강압적 분위기', '회사 내 돌발적인 일정에 맞추게 되어 장기적인 계획을 잡기 어려운 불분명한 업무 일정', '스스로 할 수 있는 분위기가 되지 않는 실적 압박', '신입직원이 업무 질의를 하려 해도 바쁘게 돌아가는 상황에 눈치가 보이는 시스템과 매뉴얼의 부재', '종이서류로 결재를 받기 위해 결재권자에게 찾아다녀야 하는 비효율적 행정서류', '승진 및 급여 그리고 성과급의 기준이 불분명한 비합리적 의사결정', '절대적인 복종 및 지시를 통해 성과를 달성하는 조직 경직성'이었다.

정확했다. 하나의 사무소로 출발해 입사 5년 차가 된 지금, 4개의 지사와 2개의 대학 분사무소 그리고 유사사업을 수행하며 회사의 매출은 증가했으나 표현할 수 없는 답답함이 있었는데 비상한 머리를 가진 직원은 현재 회사가 직면해 있는 문제점을 정확하게 파악했고, 앞으로의 비전에 관한 내용도 합리적이었다.

'목표관리', '리더십 변화', '조직진단 설문지', '부서 신설', '동기부여', '승진 및 급여 체계에 관한 비전'은 충분히 변화할 수 있다고 생각해 다음 날 과장님에게 보고를 드렸고 보고서를 검토하신 대표님은 최초 이 보고서를 작성한 직원과 나 그리고 과장님을 한자리에 호출하였다.

처음 이 보고서를 제출한 직원도 당장 모든 변화는 기대하지 않았고 하나씩 바꿔가기를 희망했다. 하지만 생각해 보겠다는 말씀을 하시곤 시간이 지나도 이 보고서의 내용처럼 조직의 변화는 일어나지 않았다. 아니, 변화는 되었는데 내가 몰랐을 수도 있었다. 결국, 이 보고서를 만든 직원은 현재 20명이 넘는 직원을 보유하고 있고, 본인의 역량을 발휘해 고용노동부 장관상을 받은 우수한 민간기관의 대표자가 되어 있다.

"대리님, 오늘 저녁에 시간 되세요?"

지사에 근무했던 여성 직원은 사업 시작과 동시에 입사하였고, 1명의 동료와 중간관리자 이렇게 3명에서 업무를 수행하고 있었는데 하루는 나에게 연락이 와 만남을 요청해 퇴근 후 동래 어느 카페에 단둘이 마주 앉았다.

"오늘 하루도 고생했죠? 하고 싶은 얘기라도?" 잠시 후, 눈물이 얼굴을 묻을 만큼 감정이 격해졌고, 5분간은 아무런 말을 하지 못한 채 바라만 보았다. 탁자 앞에 있는 티슈를 밀어드렸고 감정을 추스르고 나에게 담아두고 있던 내용을 하나씩 말했다.

'아! 내가 처음 입사했을 때 힘들었던 상황이 지금 직원분들도 다 가지고 있구나!'

시간은 쏜살같이 흘러갔고 관리자와의 소통 부재가 아닌 함께 근무하는 동료와의 문제를 토로했다. 관리자가 외부업무로 자리에 없을 때 일어나고 있는 상황은 간혹 드라마에서 보던 장면이 그대로 연출된다는 것이었다. 직접 눈으로 본 게 아닌 한 사람의 말만 듣고 판단한다는 것은 내 감정에 앞서 아무것도 할 수 없기에 먼저 사실 여부 파악이 필요했다. 그래서 동료와의 면담도 진행했는데 그 당시에는 나와 처음 면담했던 직원의 고충을 해결해

주진 못하고 상황을 좀 더 지켜보기만 했다. 하지만 두 달 후, 내부적인 문제는 더욱 커져 직원의 퇴사로 끝이 났는데 무단결근으로 거주지까지 찾아갔으나 제대로 면담도 하지 못한 후폭풍은 당사자의 트라우마는 생각보다 길어졌다.

"대리님, 임금 처우개선에 불만이 있습니다."
 나도 오랜 기간 근무하면서 회계 부분은 내가 아닌 과장님이 회계직원과 소통하기에 전체적인 흐름은 파악하기 어려웠다. 다만, 상·하반기 점검 때 상담사의 근로계약서와 급여 대장을 제출해야 했기에 나를 포함한 각 사업부 직원분들의 급여지급액을 알 수 있었다.
 "제가 먼저 입사하고 직급도 높은데 다른 직원의 임금이 더 높은 게 이해가 되지 않습니다." 나도 몰랐던 사실이었고, 과장님에게 어떤 기준에 임금을 책정했는지 궁금해 묻기도 했는데, 돌아온 대답은 "회사의 기여도가 더 높아."이었다. 그리고 난, '이 말을 그대로 전달하는 게 맞는 것인지?' 고민이 깊었다.

"대리님, 본 업무 외에 다른 업무를 수행하기에 너무 힘들어요."
 처음 추가업무를 부여했을 때, 나 역시도 반대의견을 내비쳤고 이렇게 되면 직원들의 움직임이 발생할 수도 있다고 말씀드렸다.
 직원들의 애로사항을 수렴하고, 다시 통보하는 부분에 내 가슴 속 답답함은 항상 맴돌았고 '두 번째 사직서를 제출해야 하나?'

생각이 들 정도로 정신적으로 힘들었다. 결국, 분기별로 각 사업부 직원들은 사직서를 제출하고, 인근에 입점해 있는 민간기관에 입사해 조금 인상된 급여나 더 나은 복리후생 적용을 받으며 만족감을 드러내며 업무를 했다. 그리고 대학 일자리센터로 이직해 청년층만 상담하며 방학 때는 단축 근무로 저녁이 있는 삶을 즐기고 있었는데 한편으로는 부러웠고 항상 본인이 받는 임금이 적다고 생각해 '어떻게 하면 높은 급여를 받으며 내가 하고 싶은 일을 할 수 있을까?' 누구나 가지고 있는 고민은 항상 스스로 해결해야 했다.

퇴사하겠습니다

'퇴사하겠습니다?' 이제는 무감정으로 반응하게 되고 퇴사절차를 빠르게 처리해 주었다. 성과가 우수한 직원의 빈 자리를 신규직원을 채용하게 되며 협업이나 소통의 질은 하락했고, 오래도록 수행한 유관사업은 형평성의 문제가 제기되어 신규기관으로 선정되면서 지난해부터 인력이나 성과 그리고 매출이 다소 떨어지기 시작했다.

가장 먼저 과장님이 사용하던 법인카드의 규제, 본인 차량으로 출장업무를 보고 신청한 지출경비와 분기별로 지급된 성과급 지급 축소는 이제는 여기서 더는 할 수 없을 것 같다는 결정적인 계기가 되었다.

나와 가장 오래도록 함께 근무하며 연인보다 더 많이 통화하며 관계를 돈독하게 했던 동료는 갑작스러운 변화에 불만을 제기했고, 1초의 망설임도 없이 사직서를 제출했다. 나에게 어떻게든 설득을 시켜 계속 다닐 수 있도록 해라는 엄명이 떨어졌고, 일요일 오후 용호동에 있는 북한 음식점에서 만났다.

사실, 설득할 생각은 없었다. 나도 지금 수행하고 있는 사업선정까지는 마무리하고 정리하겠다는 생각을 전하면서 "어떻게든 널 설득시켜 계속 다니게 하라."고 솔직히 말했고, 참고 참아두었던 얘기를 들으며 내가 생각하고 있던 부분과 일치함을 알게 되면서 내가 해줄 순 있는 얘기는 "퇴직금은 14일 이내 처리해 드리죠."였다.

퇴사 처리는 순리대로 이루어졌고 2개월 후, 올해 초부터 준비했던 결혼식에 참석해 축하해 주며 당분간은 만날 수가 없었다.

다시 일상으로 돌아와 업무를 하는 과정에 퇴사한 직원의 업무는 나에게 부여되었고, 한 사람이 감당할 수 없을 정도의 많은 역할로 퇴사의 결심은 더욱 굳건해졌다.

'똑! 똑!' 두 번의 노크 후 노트북을 바라보고 있는 과장님의 사무실에 들어갔고 평소와 다른 굳은 표정으로 자리에 앉은 후 하나의 서류봉투를 내밀었다.

"이거 나에게 주는 돈 봉투야?" 평소 즐겨 하던 농담을 예상했고 난 "사직서입니다. 빠른 결재 바랍니다."라고 말씀드렸다.

"누가 너에게 함께 일하자고 하나?" 물음에 "그런 일 없습니다. 그리고 이직하더라도 현재하는 업무를 모두 정리 후 움직일 계획입니다. 이제 심신이 지쳐 스트레스가 심해 당분간 몸과 마음을 추스르며 잠시 쉬고 싶다."말씀드리며 사무실을 나왔다.

그런데 내가 생각했던 상황과는 전혀 다른 방향으로 흘러갔다. 사업이 축소되면서 대표님은 지금까지 한 번도 하지 않았던 결단을 하셨는데, 내가 아닌 과장님의 권고사직이었고 나를 그 자리에 앉혀 회사 전반적인 업무관리를 계획하셨다.

내가 제출한 사직서를 과장님께서는 대표님께 보고하지 않으셨고, 계획을 들은 나는 대표님께 "사실 며칠 전, 사직서를 제출했고 아직 답변을 듣지 못했는데 한 달이 지나면 출근하지 않을 생각입니다."라고 말씀드렸다.

대표님은 전혀 알지 못했던 내용에 당황하셨고, 사실 여부를 파악한 뒤 내가 제출한 사직서를 확인하셨다. 몇 번이고 나를 붙잡으려 했으나 이번만큼은 내 결정을 존중하고자 마음의 변화가 없다는 걸 느끼셨는지 승인처리를 해주셨다.

내가 회사를 직접 운영하는 대표자의 시점과 다르겠지만 믿음과 신뢰가 사라졌던 게 가장 큰 이유였다. 과장님의 권고사직과 나를 포함한 핵심 사업부의 관리자들은 간격을 두며 자발적 퇴사를 하였고 한두 명의 관리자만 남겨둔 채 7년간 나의 30대의 희로애락이 있는 곳의 자리를 깨끗이 정리했다.

지난 시간, 별다른 취미활동 없이 회사와 가정에서의 생활만 하던 나에게는 갑자기 변화된 하루를 보내며 적응하는 데 다소 시간이 걸렸다. 알람 없이 아침에 눈을 뜨고 TV에서 하는 프로그램을 멍하니 바라보며 오후가 되면 마트에 방문해 식자재를 구매하고 저녁 준비를 하는 가정주부 역할을 하면서도 시간을 내어 서점에 들러서 그동안 못 읽었던 도서를 구매하거나 쇼핑했다. 그리고 무엇보다 한 번도 받지 않았던 30만 원 비용으로 수면 내시경을 포함한 건강검진을 받았다. 40대 중반이 된 지금 2018년에 방영한 「나의 아저씨」 드라마를 지금도 케이블에서 방영하면 시청하고 때로는 자기 전 영상을 보기도 한다. 내가 가장 힘들었던 당시에는 이 드라마가 방영한다는 자체를 몰랐는데 이때는 회사 안에서 내가 가장 불쌍한 존재였다고…. 무조건 회사에 붙어서 생존하는 것이 이기는 거라고…. 나의 행복이 무엇인지 몰랐고 이러한 휴식 시간이 30대 후반 접어든 나의 진로를 어떻게 설정하고 움직여야 할까? 고민이 깊었다.

학생도 아니고 선생도 아닌

'2022년까지 특성화고 취업률 60% 달성' 2019년 1월 교육부에서 발표한 보도자료에 따르면 모든 직업계고에는 1명 이상의 취업지원관을 의무적으로 배치하고, 일반교사가 겸임한 업무를 산업계 전문가로 대체하여 직업계고 학생들의 학습과 현장경험을 연계해 취업의 문을 보다 넓히는 방안을 마련하겠다고 발표했다.

퇴사 후, 3개월이 지났을 무렵인 2019년 5월 인터넷 검색으로 해당 기사를 접하게 되었고, 관련 영상을 시청하며 자료를 수집하며 처음에는 생각이 없었다. 하지만 오랫동안 민간기관에서 사업을 수행하면서 해마다 성과지표로 사업선정 여부가 결정되는 고용불안이 근무하는 데 두려움이 있었고, 정년이 보장되고 직무급의 임금체계는 안정감으로 다가왔다.

특성화고등학교는 국공립과 사립학교로 분류되는데, 국공립은 교육청 소속으로 사립학교는 교육청의 예산을 받아 근무하게 되는 시스템이었다. 부산교육청 홈페이지 채용정보를 확인했을 때에는 채용전형 기한이 지나 서류접수는 마감되었는데 지나간 공고를 열람하니 총 10명의 취업지원관 선발예정이었다. 그리고 업무 내용은 '취업처 발굴', '학교·산업체와의 취업연계 시스템 구축을 위한 데이터 관리', '취업희망 학생의 상담과 취업서류(입사지원서 작성)와 기업체 면접 인솔', '현장실습생 관리(기업체 선정, 순회지도 등) 지원', '현장실습 관련 서류작성과 교육부 Hi-Five 시스템'을 관리하는 것이었다.

그리고 응시자격으로 '기업체 인사·노무 관련 업무를 5년 이상 근무하는 자', '경영자 단체, 고용 관련 연구기관 등에서 업무 경험이 5년 이상인 자', '직업상담사 자격증 소지자로서 취업 관련 업무에 5년 이상 종사한 자', '직업안정법 유·무료 직업소개', '직업정보제공 종사 경험이 5년 이상인 자', '학교에서 고졸 취업 관련(도제학교, 중기청 사업 등) 업무 경험 3년 이상인 자'로 서류심사를 통해 선별하여 면접을 진행하고, 합격이 되면 수습 기간이 있으나 정년퇴직이 보장되어 있었다.

급여는 기본급 월 1,642,710원으로 정액 급식비 13만 원은 교육공무직원 보수표 Ⅱ유형에 해당하며 이는 조리사, 조리원, 취업지원관에 속하며 교육공무직원 보수표 Ⅰ유형에 해당하는 영양사, 사서와 임금의 차이를 두고 있었다. 그리고 복리후생비, 명절상여금을 지급하면 연간 3,000만 원 정도의 임금을 받는다고 했지만 다소 차이는 있었다.

생각해 보니 내가 지금까지 해왔던 업무와 비슷해 시스템만 적응한다면 어려울 게 없어 보였고, 기본급이 적었지만 오로지 60세까지 정년보장이 되는 문구 하나만을 생각했고, 국공립 채용전형 기회는 놓쳤으나 곧 사립학교 채용전형을 예상해 사전 준비를 하며 일주일이 지난 5월 하순, 부산에 소속된 사립 특성화고등학교 채용전형을 확인했다.

먼저, 상업계 고등학교는 어느 모 고등학교 취업지원관의 학생 성추행 기사를 접해 지원하더라도 면접이 힘들 수 있어 지원을 보류했고, 학과 특성상 내가 학창 시절 다녔던 공업계 고등학교 세 곳을 선정하고 입사지원서를 작성했다.

'지원동기', '주요경력 및 가치관', '장래 업무수행계획과 발전 가능성', '기타 자기소개' 총 4개의 항목으로 구성되어 있었고, 서식이 같아 한꺼번에 지원할 수 있었다.

직업상담 업무를 시작하게 된 계기와 특성화고등학교 대상으로 진행했던 취업특강 그리고 졸업예정자 대상으로 취업상담을 하며 이력서를 작성하고, 기업체를 발굴한 뒤 면접을 진행한 실제 사례를 구체적으로 작성했다. 또한, 전산시스템을 효율적으로 관리하고 기록을 남길 때 육하원칙 기반으로 한 사실적인 내용으로 관리자가 검토했을 때도 어려움이 없도록 하겠다는 핵심사항을 작성했다. 마지막으로 특성화고등학교 졸업생으로서 현장실습을 하며 대학을 진학한 사례를 끝으로 응시원서와 자기소개서 그리고 자격증 사본과 경력증명서를 첨부해 모든 서류를 준비했다.

응시원서를 작성한 뒤, 우편접수와 방문접수 중 하나를 선택하는 과정에서 시간적 여유로 직접 학교 행정실에 방문해 서류를 제출하고 번호가 적힌 응시표를 전달받았다.

왜? 응시번호가 중요했는지 알 수 있는 대목은 평소처럼 문자가 아닌 학교 홈페이지 공지사항에서 합격자를 확인할 수 있었고, 학교마다 차이가 있어 응시번호만 등록되기도 했다. 1명을 채용하는 과정에서 3배수를 뽑았고, 경력자와 자격증 소지자 우대였기에 서류는 무난하게 합격할 것으로 예상해 면접을 준비하는 과정에서 특성화고등학교 보도자료와 내가 지원한 특성화고등학교 취업률을 분석한 데이터를 파워포인트로 작성했다.

최근 3년간 특성화고 취업률은 2017년 53.6%, 2018년 44.9%, 2019년 34.8%로 2017년 현장실습생 사망사고로 교육부에서 현장실습 기간을 축소한 경향과 2018년 16.4%, 2019년 10.9% 최저임금 인상이 인건비 부담으로 기업의 채용 축소로 이어졌다.

그리고 단순노동 업무만을 수행하는 단점이 취업보다 대학진학을 선택하는 학생이 높았다는 데이터를 확인했다. 기업체 인사담당자와 간담회를 개최하여 고졸자 채용의 장점을 설명하고, 병역특례제도와 재직자 특별전형 무시험으로 장학금을 지원받으며 학업을 병행할 수 있는 제도를 강화하는 방향성을 제시한다면 낮아진 취업률을 높이는 계획과 더불어 총 5개의 질문을 예상했다.

첫째, "특성화고등학교 졸업자 취업률이 낮아지는 이유는 무엇이라 생각합니까?" 질문에는 "학교의 문제이기보다 교육부 시스템의 원인이라 볼 수 있습니다. 2017년 제주도 현장실습생 사망사고로 여름방학이 아닌 겨울방학부터 현장실습이 가능하고 6개월에서 3개월로 단축된 부분은 2021년까지 특성화고등학교 취업률 60% 이상의 목표의 로드맵인 미래유망분야 재구조화, 역량 중심 전문인재육성, 취업현장 지원중심의 성과관리로 맞춤형 취업지원서비스를 제공한다면 성과를 높일 수 있을 것으로 전망합니다." 답변을 준비했다.

둘째, "취업지원관 업무의 지원동기는 무엇입니까?" 질문에는 "지금 이 자리에 오기까지 청년과 중·장년층 대상으로 취업지원 서비스를 제공하며 고등학교 3학년 졸업예정자 대상으로도 개별 상담을 진행했습니다. 현재 학생들이 진로에 대한 고민을 효과적으로 해결할 방안을 알고 있으며 가장 중요한 건 정년이 보장되는 무기계약직 전환이 고용불안을 없애고 장기적인 성과를 달성할 수 있을 것입니다." 답변을 준비했다.

셋째, "특성화고등학교 취업제도에 대한 전반적인 시스템에 대해 알고 있는 것은 무엇입니까?" 질문에는 "2019년 4월 부산광역시 특성화고등학교 취업률은 취업대상자 7,120명 중 취업자 수는 2,093명이며 취업률은 29.4%입니다. 2017년 181개의 중소기업인력양성사업을 진행하며 졸업예정자는 선취업과 병역특례 산업기능원으로 군 복무를 대체할 수 있습니다. 그리고 대학진학도 기업에서 3년 이상 재직한다면 재직자 특별전형 무시험으로 대학을 진학하고 산업계 경력을 유지하면서 학사학위 취득 후 중견기업이나 대기업으로 이직할 수 있는 기반을 마련할 수 있을 것입니다." 답변을 준비했다.

넷째, "업무추진계획에 대해 구체적으로 말씀해 주시겠습니까?" 질문에는 "학과의 진로정보 및 기업체를 파악하고 학생과의 개별상담과 상담일지를 구체적으로 작성할 필요가 있을 것입니다." 답변을 준비했다.

다섯째, "마지막으로 하고 싶은 말은 무엇입니까?" 질문에는 "7년이라는 긴 시간 동안 한 직장에서 근무하며 가져온 역량을 취업지원관 역할을 잘 수행할 수 있도록 하겠습니다." 답변을 준비했다.

서류발표 당일, 유선으로 합격 통보를 받고 담당자는 면접참석 가능한지 재차 확인하셨고, 가능하다는 답변을 한 뒤 면접일이 되어 긴장감을 유지한 채 정장을 차려입고 면접대기실에 도착했다.

3명의 합격자를 학교 홈페이지에서 확인했는데 1명은 불참했고, 나와 연령대가 비슷한 한 분이 대기실에 미리 앉아 있는 걸 보았다. 잠깐이나마 대화를 나누게 되었는데, 현재 공공기관에서 상담 분야 기간제 근로자로 근무 중이며 오늘 하루 연차를 내고 면접 전형에 참석하게 되었다고 했다.

잠시 후 내가 응시번호가 빨라 면접장으로 들어갔고, 세 분의 면접관은 교감, 특성화부장, 취업부장이었다. 어려운 질문보다는 내가 예상했던 질문들로 면접은 무난하게 진행되어 큰 실수 없이 마무리되었고 다음 날 최종합격 통보를 받고 7월 1일 첫 출근을 하게 되었다.

앞서 세 곳의 학교에 입사지원서를 제출하고, 두 곳의 학교에서 서류합격이 되었는데 날짜와 시간이 겹쳐 거주지에서 출퇴근 거리가 가깝고, 학창 시절 전공했던 학과가 있는 곳을 선택한 이유는 업무에 보다 빨리 적응할 것으로 생각했다.

학교마다 차이가 있는데, 근로계약서를 체결하면서 알게 된 오전 8시 30분에서 오후 16시 40분의 근로 시간은 점심시간이 포함되어 있었고, 내가 근무하게 된 부서는 여러 개의 교무실 중에서 실습 건물의 교무실에 배치되었다. 나중에 알게 된 사실은 학생들의 취업을 중점적으로 운영하는 도제사업부가 있는 곳이었다.

월요일 오전, 이른 시간에 학교에 도착해 취업부장 손에 이끌러 전체 교사가 모여 있는 교무회의에 참석해 인사를 드렸다. 그리고 회의가 끝난 뒤에도 취업부장은 교장실, 교감실, 행정실, 조리실, 경비실 등 모든 선생님과 직원분에게 내 소개를 해주셨다. 그날은 인사하는 데 하루가 지나간 것 같았고, 오랜만에 새로운 환경에서 근무하는 생각에 전날 잠을 설쳤는데 긴장이 풀려 평소보다 일찍 잠이 들었다.

다음 날, 전산시스템을 사용할 수 있는 아이디를 부여받고, 학교 메신저 프로그램 설치를 하며 본격적인 취업지원관의 업무가 시작되었다. 가장 먼저 도제사업에 참여하고 있는 학생과 취업을 희망하는 학생의 명단을 받은 뒤 분류하는 업무를 했다. 화공과,

기계과, 자동차과 총 3개의 학과로 구성되어 있었고, 학생 수가 내가 학교 재학했을 때의 절반으로 어려움은 없었지만 처음 받은 자료를 확인하는 과정에 변동사항이 발견되기도 했다. 마감기한을 둔 건 아닌데 민간기관에서 해오던 습관이 몸에 배어 하루라도 빨리 처리하려 했고, 정리한 자료를 취업부장에게 드리니 다음 과제를 주셨다.

"지원관님, 3학년 학생들에게 취업특강을 해주실 수 있을까요? 이전 직장에서 대학생 대상으로 강의를 하셨겠지만 여긴 대학교가 아닌 고등학교라 다를 수가 있어요. 아직 성인이 아니기에 어려운 용어를 전달하기에는 적절하지 않으니 현재 우리 학교에서 보유하고 있는 구인업체와 한국 장학제도에서 적용되는 취업연계장려금 설명해 주시면 됩니다."라고 구체적으로 말씀하셨다.

취업을 희망하는 학생들 대상으로 강의를 진행해야 하기에 '취업 우수사례', '지원금 제도', '기업정보'로 방향을 설정했고 총 14개의 슬라이스로 30분 설명과 10분 질의응답으로 구성했다. 그리고 특성화고등학교 인력양성사업에 참여한 학생의 기업체 취업 후 산업기능 요원으로 근무한 뒤 정규직 전환된 성공사례와 대표자의 인터뷰를 함께 다루었다.

대표님의 인터뷰 내용에서 "실무능력이나 전문성에서는 대학 졸업자보다 우수합니다. 병역 특례를 마치는 3년 반 뒤에는 아마도 곧바로 승진할 수 있을 겁니다. 대학 졸업자를 뽑아도 인재로 키우려면 몇 년에 걸쳐 적잖은 인력양성 비용을 투자하는 점을 보면 보물 같은 직원이죠." 내용을 강조했다.

그리고 실제 근무하고 있는 학생의 인터뷰 내용에서는 "회사 대표님은 최근 입사한 학교 후배와 저에게 너희가 웬만한 4년제 대학교 졸업자보다 훨씬 뛰어나다."라며 자주 칭찬하십니다. "이 같은 실력을 갖출 수 있었던 것은 특성화고등학교 인력양성사업 프로그램을 잘 따른 덕분이라 생각합니다. 학교에서 배운 기술을 적용한 제품으로 설계 변경에 성공하게 되어 기쁘고 자랑스러웠습니다. 처음에는 어려움도 많았지만 이런 어려운 문제를 풀어가면서 꿈을 향해 한 발씩 다가갈 겁니다."의 학과특성에 맞는 자료를 수집하면서 20년 전 내가 졸업을 앞둔 2학기에 현장실습을 했던 기억이 되살아나며 '나는 이만큼의 열정과 목표를 가지고 업무를 수행했을까?' 아침에 눈 비비며 겨우 일어나 지하철을 타고 회사에 도착하면서도 피곤한 모습으로 소음이 강한 현장에서 아무런 생각 없이 시키는 일만 열심히 했던 나를 떠올리게 되었다.

이렇게 강의자료를 완성한 뒤 취업부장에게 말씀드리니 수고하셨다는 말을 전하며 따로 수정사항에 대해 말씀은 없으셨고, 난 점심시간이 지나고 울리는 종소리를 들으며 3학년 교실로 향했다.

내가 학교 다녔을 때, 50명 가까운 인원이 아닌 30명 남짓한 학생들이 한 반으로 이루어져 있었고, 선풍기가 아닌 천장 에어컨 시스템과 화이트보드로 구성된 칠판은 매우 깔끔한 분위기를 연출했다. 매시간 들어오는 선생님이 아닌 처음 나를 봐 낯선 분위기가 형성되었고, 자연스러운 미소로 교단 앞에서 학생들을 바라보았다.

놀라웠던 점은 절반 이상은 책상에 엎드려 자고 있었고, 옆에 있던 학생들이 눈치를 보며 깨우기도 했는데 나의 관심은 없었는지 잠시 일어났다 다시 엎드리는 모습을 보게 되었다.

교실로 향하기 전 취업부장이 나에게 "지원관님, 현재 교육체계 시스템이 과거와 달라진 부분이 있으니 학생들을 일부러 깨우거나 훈계하지 마시고 그대로 수업을 진행하시면 됩니다."라고 하셨던 말씀이 더욱 이해되었다.

아무튼, 간단한 내 소개와 취업 맞춤반에 필요한 기업정보를 설명하고, 취업 후 적용되는 혜택을 안내했다. 간혹, 나와 눈을 마주치는 학생은 5명 남짓해 가히 놀라웠고, 당황한 기색을 드러내지 않은 채 준비한 내용을 설명한 뒤 수업 종료를 알리는 종소리와 함께 황급히 교실을 나왔고 이후에도 남은 학과에 들어가 정해진 수업을 마무리했다.

내가 소속되어 있던 교무실은 진학보다는 취업 맞춤형 교무실로 쉬는 시간 또는 점심시간에 학생들이 담임선생님을 뵈러 자주 드나들었다. 취업에 필요한 이력서 작성이나 기업정보를 희망하는 학생들은 따로 마련된 독립된 상담실에서 나와 개별상담을 했는데 나를 '선생님'이라고 부르는 호칭이 민간기관에서 내담자에게 듣던 호칭보다 더욱 낯설게 느껴지기도 했는데, 그 이유는 성인이 아닌 학생이 나에게 부르는 게 어색함을 느꼈던 것 같다.

얼마 되지 않아 여름방학이 시작되면서 교사는 연수개념으로 특별한 업무가 없다면 출근하지 않았고, 나는 별도의 규정이 없어 평소와 마찬가지로 교무실의 비밀번호를 누르고 업무를 보고 있으면 취업부장이 오셔서 짧은 미팅을 진행했다. 본인의 업무를 보면서도 나와 함께 점심을 먹으며 시간을 함께 보냈고, 편안한 분위기에 업무를 수행할 수 있게 환경을 마련해 주시면서 내가 하는 업무 체크와 요청사항이 있으면 전달했다.

기존 업무협약이 되어 있던 구인업체 외에 신규업체를 발굴하는 과제가 있었는데, 미성년자 신분이라 내가 과거에 수행했던 업무시스템으로는 효과가 없었고, 채용정보를 탐색하면서 사업장에 병역특례를 적용하는지를 먼저 분류하며 기업지원금 내용을 메일로 보내드리면서 방문상담 할 수 있게 요청했다.

간혹, 기업 담당자에게 연락이 오면 하루 전에 학교 전산망으로 교내 출장 또는 교외 출장을 신청하고, 취업부장과 행정실장의 승인처리 후 외부업무를 볼 수 있었는데 당일에 이동할 경우 내선으로 연락을 드려 승인 요청을 할 수 있게 양해를 구하기도 했다.

미성년자 신분으로 근로를 하는 학생들은 기업에 채용이 되면 일반 근로계약서가 아닌 직업교육훈련 촉진법에 따라 하루 7시간으로 근로 시간이 정해져 있었고, 부모의 동의서와 학교장의 승인으로 현장실습이 이루어지는 내용과 교육청과 계약된 노무사와 취업부장 그리고 담임교사의 현장방문도 진행되는 구체적인 프로세스를 설명했다.

　많은 업체는 아니지만 직접 현장을 둘러보며 위험요소 여부를 확인한 뒤 취업부장에게 보고드렸고, 산학연계 업무협약서를 체결하면 Hi-Five 전산시스템에 내용을 등록했다.

　짧은 여름방학이 지나고, 2학기가 시작되면서 진학반과 취업반 2개로 분류되면서 매주 2~3회는 오전과 오후로 나누어 학생들을 데리고 동행면접을 진행했다. 사전에 해당 학생의 생활기록부를 인사담당자에게 메일로 보내드리고, 선별한 소수의 인원이라 채용에 어려움은 없었는데 인사담당자는 성적도 검토했지만 지난 3년간의 출결 사항을 가장 중요하게 여겼다.

　기존에 협약된 기업체와 신규 기업체에 면접을 진행하고, 아직 채용인원이 남아 있는 기업에 일정을 검토하는 과정에서 3월 전수조사 때와 다르게 취업보다 진학을 희망하는 학생이 70%가 넘어 면접 진행에 어려움이 많았다.

　2학기가 시작되면서 외부인이 교무실에 자주 방문하는 광경도 목격했는데, 학교 전공과 연관된 지역 내 대학입학담당자가 방문하여 홍보 활동을 했는데 그 이유는 대학수학능력시험을 치르지 않고 3년간 내신성적으로도 대학입학이 가능했기 때문이었다.

　그리고 처음에는 취업을 생각했으나 주변 친구들이 대학진학 계획 세우는 모습과 상위권 성적을 유지했던 친구의 대기업 취업이 아닌 일반기업의 취업하는 것보다 대학진학이 또 다른 기회를 잡으려는 목적이 있기도 했다.

2학기 일정이 끝나고, 겨울방학이 시작되면서 담임교사와 동행해 현장실습을 하는 학생을 만나 격려도 하며 애로사항을 듣고 노무사가 현장을 방문해 위반사항이 없는지를 확인하는 과정에 간접적인 역할을 하며 취업지원관의 업무는 계속되었다.

처음 근로계약을 체결했을 때 근로계약은 2019년 7월 1일부터 2020년 2월 29일까지로 근무 평가 후 무기계약직이 가능해 지원한 이유가 첫 번째였기에 주어진 업무에 최선을 다하고자 했고, 계약종료 한 달 앞둔 시점에 평소처럼 혼자 업무를 보는 도중에 취업부장이 교무실로 들어오셨다.

"지원관님, 담배 한 대 피우실까요?" 건물 뒤쪽에 있는 창고에 마주 보았고 나에게 "현재 계약만료 한 달 앞둔 시점에 어려운 말씀을 드립니다. 사립학교로 교육청 예산편성이 되지 않으면 학교 예산으로 급여지급에 어려움이 있어 근로계약서에 명시된 기간까지만 해주시면 되고 남은 한 달 동안은 인수인계에 필요한 자료를 정리하고 넘겨주시면 됩니다."라고 요청하셨다.

사실, 특성화고등학교 취업지원관 근무를 하면서 항상 교무실 내 공기가 너무 차갑다는 생각과 내 주변에 앉아 있는 선생님과의 대화도 없었다. 그리고 학교 내 이동하는 길에 마주치면 눈인사하는 정도로 개인주의 성향이 강하다는 것을 느꼈는데 정답인지는 모르겠으나 매년 적은 급여인상보다 외적인 환경이 근무를 계속하기는 어려울 수도 있겠다는 생각을 했었다.

민간기관에서 오랜 기간 근무하며 눈을 뜨면 출근하고 밤이 되면 퇴근하는 반복된 일상 속에서 정신적, 육체적인 피로가 상당했고, 주말에도 집에서 노트북으로 업무를 처리하며 나만의 시간도 전혀 없어 취업지원관 8개월 근무는 나 자신에게 많은 선물을 주었다.

이른 퇴근 시간으로 집에 돌아와 저녁을 먹고 10분 거리에 있는 헬스장에서 체력을 단련하며 매주 금요일에는 롯데백화점 광복점에서 영화를 보고 저녁을 먹는 일상을 보냈다.

「겨울왕국」, 「알라딘」, 「엑시트」, 「스파이더맨」, 「봉오동 전투」, 「라이온 킹」, 「나쁜 녀석들 더 무비」, 「82년생 김지영」, 「신의 한 수 귀수 편」, 「남산의 부장들」을 직접 관람하며 마음의 여유를 가지는 시간이었고, 마지막 근무일에는 교장 선생님, 교감 선생님, 행정실장님께 "그동안 감사했습니다." 인사를 드리면서 취업지원관의 업무는 면직처리 되었다.

기회일까? 위기일까?

2020년 국가보훈처 공무직 근로자(직업상담사) 채용에 많은 관심과 더불어 응시한 귀하께 감사 말씀을 드리며, 공무직 채용에 대한 서류전형(1차) 결과를 안내해 드립니다.

심사결과: 불합격

한정된 선발예정 인원으로 귀하께 심사결과 안내를 드리게 됨을 안타깝게 생각하며, 더 좋은 기회에서 귀하의 능력을 펼칠 실수 있기를 기원합니다.

취업지원관 종료를 앞둔 시점인 2020년 1월 9일(목) 오후 14시 36분 한 통의 메시지는 채용시장의 어려움을 더욱 느끼게 되었다.

제대군인지원센터는 제대군인법률의 병역법 또는 사업에 의한 군 복무를 마친 사람으로 5년 이상 중장기 복무 제대군인을 말하며, 원활한 사회 복귀 지원을 위해 제대군인에게 적합한 일자리를 알선하는 기관이다. 1997년 제대군인지원에 관한 법률 제정을 통해 총괄하여 수행하고 있으며, 2004년 서울, 부산, 대전, 대구, 광주, 경기 북부와 남부, 강원, 경남 등 10개 센터를 운영 중이며, 134명의 공무원과 상담사가 상주하여 취업지원서비스를 제공하고 있었다.

세부적인 내용을 보면 중기복무 제대군인은 5~10년 미만 복무 전역자이며, 장기복무 제대군인은 10년 이상 복무 전역자 그리고 의무복무 제대군인은 만기전역자로 분류하고 있다.

19년 6개월 이상 복무하지 않은 비연금 대상자가 50% 정도이며 30~40대 비연금 대상자는 전역하더라도 사회정착 불안감과 경제적인 어려움을 겪는다고 한다. 그리고 제대군인은 오랜 기간 군 생활을 통해 쌓았던 군 경력을 인정해 주는 일자리를 선호하지만 정작 기업체는 경력으로 인정을 하지 않기에 임금 격차 차이를 느낀다고 했다.

제대군인지원센터도 정년이 보장되는 무기계약직의 장점과 직무급으로 해마다 임금상승 그리고 민간기관에서 경험하지 못한 제대군인 대상 상담은 고용시장 변화로 전직 지원의 필요성을 인지하게 되었고 특성화고등학교보다는 일의 재미와 경력에 도움이 되기에 지원을 해보기로 했다.

먼저, 나라 일터 홈페이지에 등록된 채용공고에는 지역별로 1명의 채용예정을 확인하며 여기도 경쟁자가 치열할 것이라는 예상을 했고, 이력서와 자기소개서 작성에 만반의 준비가 필요했다. 자기소개서의 내용에는 생활신조와 가치관, 지식, 경험, 경력 외 응시업무에 대한 소견(응시 취지), 직무수행 방향 및 비전 등을 기재하라는 내용을 이해하는 데 시간이 지체되었고, 두 장의 분량으로 경력사항과 직무교육을 포함한 업무 내용을 구체적으로 작성하였다.

> 9년간 공공기관, 민간기관, 대학교, 특성화고등학교에서 업무를 수행하며 사업승인을 받아 지속적인 성과를 달성할 수 있었습니다. 본 지사와 대학교를 포함한 6개의 사무소에서 취약계층, 청년층, 중·장년층 그리고 최근까지 특성화고등학교 취업지원관의 역할을 하며 1,000명 이상 구직자와 상담을 하였습니다. 최근 5년간 68.9%에서 35.9% 떨어진 제대군인 취업률과 10년간 보도자료로 배포된 취업률에 대한 개선의 노력은 현재까지도 풀어야 할 문제이며, 계급 정년제에 따라 시장으로 나오는 제대군인의 절박한 상황은 짧은 군 복무기간과 병력감축으로 일반 구직자와는 다른 정보수집에 취약한 단점을 보완하기 위해 하나씩 풀어야 할 문제라고 생각합니다.

업무수행 중심으로 내용을 간략하게 정리한 뒤 해당 기관에 방문하였고, 채용담당자는 서류를 검토한 뒤 이상 없음을 확인하고 응시표에 접수번호를 적은 뒤 나에게 주셨다.

'접수번호가 87번이라고?', '뭐지? 왜 이렇게 지원을 많이 했어?', '쉽지 않겠는걸?' 서류 마감 하루 전인데도 정말 많은 지원자가 접수해 놀라웠고, 1차 서류전형에 5배수를 뽑을 예정이지만 많아도 너무 많았다. 응시자격 요건에 해당하는 사람이 이렇게 많다는 사실과 나라 일터 홈페이지에만 등록된 채용정보를 알고 있는 사람이 많다는 사실에 한 번 더 놀랐다. 그리고 며칠 후 한 통의 메시지로 면접 문턱에도 진입하지 못한 채 서류탈락의 쓴잔을 마시게 되었다.

취업지원관 면직 후 재취업 방향성에 가장 고민이 많았던 시기로 주변의 동료나 지인들은 대학 일자리센터 상담사로 이직하는 경우가 많았다. 한번은 실제 근무하고 있는 전 직장동료와 약속을 정하고, 저녁을 먹으며 얘기를 들었는데 급여가 조금 더 많고, 청년 대상으로 상담하니 소통이 원활했고, 방학 중에는 단축 근무로 자기계발에도 도움이 된다며 만족감을 드러냈다.

단점보다는 장점만이 내 귓가에 들렸고, 틈틈이 정보는 수집하고 있었지만 내가 거주하는 부산지역은 하나의 민간기관이 대학과 컨소시엄으로 구성하거나 대학교 단독으로 운영하고 있어 어느 하나를 선정하고 지원하기에는 고민이 많았다. 민간기관에서 총괄업무를 수행한 경력으로 면접은 자신이 있었으나 직무교육을 제대로 참여한 적이 없어 경쟁력이 다소 부족하다는 생각으로 가장 먼저 선택한 것은 청년층 대상 직무교육참여였다.

직업상담사 카페에 한 번씩 들어가며 눈여겨봤던 취업역량교육이 생각나 교육내용을 다시 자세히 보았다. '직업상담사 자격증은 취득했으나 취업이 막막하거나 자기소개서, 면접 등 취업상담을 전문적으로 하고 싶은 대상자 또는 교육수료 후 프리랜서 강사로 꿈꾸는 사람' 문구는 청년층 채용시장의 확실한 정보를 얻을 수 있다는 내용이 솔깃하여 담당자에게 연락을 드리고, 소정의 교육비를 입금하고 교육에 참여했다.

교육은 하루 일정으로 진행되었고, 10명 남짓한 교육생분들이 모여 있었는데 잠시 후 들어오신 건장한 체격에 푸근한 인상을 지닌 강사님이 밝은 미소로 우리에게 인사를 하셨다.

교육 장소는 동의대학교 내 취업센터 교육장에서 진행되었고, 토요일이라 직원이 상주하지 않아 집중해서 교육 듣기에는 좋은 환경이었다. 먼저, 강사님의 소개와 4개의 커리큘럼으로 '오리엔테이션', '서류전형', '면접 전형', '질의응답' 순서로 진행한다는 말씀으로 본격적인 교육이 시작되었다.

'취업 시장 불변의 법칙'이라는 주제로 취업에 성공하지 못한 이유와 다가오는 공채전략에 대한 주제로 설명하셨는데, 처음 직업상담사로 근무하며 만났던 청년층의 채용시장 흐름은 시간이 지나도 크게 다르지 않았다. 현재도 우수한 구직자가 많고 기업이 요구하는 직무능력이 다소 부족하더라도 면접을 참석해 나의 역량을 점검하는 게 중요하다는 걸 확인하며 지원 횟수를 조금 더 늘리고, 기업에 맞는 자격요건을 강조하며 상황에 따라 눈높이는 낮추되 구체적인 목표를 명확하게 설정하는 것이 가장 중요하다고 하셨다.

오전 교육이 끝나고 주문한 도시락으로 점심을 먹게 되었고, 우연히 강사님과 마주 앉아 서로 궁금한 점들을 물어보며 같은 동성으로 '직업상담사를 시작하게 된 계기', '직장인으로서의 고충', '본인의 자기계발과 비전'에 대해 자세히 들을 수 있었다.

오후 교육은 서류작성과 면접 전형으로 대기업, 공기업, 중견기업, 공공기관에 제시된 자기소개서를 분류하며 구체적으로 기술하기 위한 사례가 서로 다르고 모든 내용은 사실을 기반으로 한 구체적으로 작성해야 한다는 것이었다.

질의응답 후 강사님은 모든 교육생에게 교육자료를 각자의 메일로 보내주시며 구직활동에 어려움을 느끼거나 궁금한 사항은 언제든지 문의하라는 말씀으로 짧디짧은 교육은 종료되었고 비용의 부담은 되었으나 교육 만족도는 높았고, 며칠 후 사업장에서 면접관과 면접자로 다시 만날 수 있었다.

직업상담사 모집공고는 업무 특성상 매년 1월과 2월 사이에 채용공고가 많아 신입이나 경력자가 지원하기에는 적절한 시기였고, 2개월 동안 총 다섯 곳에 대학 일자리센터 채용전형에 지원했다.

첫 번째 지원은 부산 사상구에 있는 4년제 사립대학교로 컨소시엄 형태가 아닌 대학 자체적으로 운영하며 1년 단위의 계약이지만 최대 2년까지 업무를 수행할 수 있어 공고에 등록된 이력서와 자기소개서를 확인했다. 이력서에 기재된 '학력사항', '자격사항', '경력사항', '병역사항'은 가장 기본적인 항목이라 부담감은 없었는데, 기타사항의 취미와 특기는 생소하게 다가왔고 '나의 취미와 특기는 뭐지?' 잠시 생각에 잠겼다. 자기소개서의 '성장과정', '성격의 장단점', '지원동기 및 입사 후 포부', '실무 경력사항'으로는 내가 지금까지 수행한 업무를 구체적으로 작성한 뒤 등기로 서류를 발송했다.

며칠 후 서류합격과 면접 일정 메시지를 확인했고, 예상질문과 모범답안을 준비하며 긴장감을 늦추지 않으려 노력했다.

면접 당일, 오전부터 세차게 내린 비로 면접장까지 가는 길은 평소보다 지체되었지만 10분을 남겨두고 도착했고, 나를 포함한 12명의 면접자가 대기하고 있었는데 업무를 통해 알게 된 관계자분은 보이지 않아 조용한 발걸음으로 비어 있는 자리에 앉았다.

잠시 후 3개조로 나누어 진행되었고 5명의 면접관이 계셨는데 명판이 없어 이름과 직함은 알 수 없었으나 학교 관계자임은 분명했다. 먼저, 모든 면접자에게 2개의 공통질문을 하셨는데 첫 질문은 '자기소개'였다. "공공기관 구인 상담원, 민간기관 직업상담사, 특성화고등학교 취업지원관 업무 경력으로 대학 일자리센터 업무에 지원하게 되었습니다. 그동안 다양한 계층의 상담은 큰 무기가 될 수 있겠지만 때론 과거의 경험이 최신 트렌드를 따라가지 못한다는 두려움이 있기도 합니다. 하지만 제가 잘할 수 있는 일이기에 직업의 자부심과 업무 외적인 시간에 자기계발에도 노력하고 있습니다."라고 답변했다. 그리고 이어서 나온 질문은 "자퇴를 희망하는 재학생이 상담창구에 방문했는데 어떻게 설득해서 학교를 계속 다니게 할 것인지?"였고 전혀 예상하지 못한 질문에 순간 당황했으나 네 번째 순서였기에 다른 면접자가 말하는 내용을 귀담아들으며 어떻게 답변을 해야 할지 생각했다. 현실적으로 바라봤을 때 사실, 학생이 자퇴를 희망하는데 학과 지도교수도 아닌 상담사가 설득하는 상황이 이해가 되지 않았다. 하지만 나에게 순서는 돌아왔고 "학생에게 진로에 대해 진지하게 생각한 뒤 결정할 수 있도록 시간을 주도록 하고, 현재 취업센터에서 진행 중인 다양한 비교과 프로그램을 안내하며 장단점을 설명하겠습니다. 그 이후에도 변함이 없다면 본인의 의사대로 진행하겠습니다."라고 답변했는데 진심으로 우러나온 대답이 아니기에 불편한 기색을 드러내기도 했다. 그리고 마지막으로 하고 싶은 말을 전하며 면접은 끝이 났고 집에 돌아와 조금 전 면접 상황을 다시 한번 정리했고 다음 날 불합격 통보를 받았다.

두 번째 지원은 부산 사상구에 있는 4년제 사립대학교로 대학 자체적으로 운영하는 곳이었고, 역시나 학교 자체양식에 기재된 내용을 작성한 뒤 등기발송으로 서류를 제출했으나 합격 연락은 받지 못했다.

세 번째 지원은 3개의 전문대학과 컨소시엄 형태로 운영되는 사립대학교로 4명의 인원을 채용할 예정이었다. 처음 직업상담사를 함께 준비했던 친구가 근무하고 있어 구체적인 업무 내용을 파악하며 지원했고 서류합격 후 면접에 참석했다. 모두에게 공통 질문으로 '자기소개', '직업상담 성공사례', '마지막 사업장 퇴사 이유', '입사 후 포부'로 앞서 참여했던 면접과 비슷한 질문이기에 답변을 바꾸려 하기보다 사실에 기반한 내용으로 말했다. 하지만 세 번째 면접까지 탈락하면서 나는 자존감이 낮아지며 초조함이 생겼고 어떤 문제로 탈락했는지 면접 상황을 다시 복기하며 준비했다.

네 번째 지원은 부산 남구에 있는 4년제 사립대학교로 민간기관과 컨소시엄으로 운영되는 곳이었고, 자유 양식 입사지원서를 제출 후 서류합격 통보를 받고 면접에 참석했다. 학교가 아닌 민간기관에 방문해 진행되었고, 취업역량교육을 진행했던 강사님과 또 한 분의 관리자가 면접관으로 참석하셨는데 낯설지 않아 긴장감 없이 차분한 상태에서 면접을 진행했다.

면접 준비과정에서 학교알리미에 공시된 대학교 취업률 수치를 파악했고, 취업률 높이는 방안에 구체적인 계획을 추가한 개인의 생각을 말씀드렸다. 첫째, 교육부에서 발표한 대학 진단 역량평가에서 자율개선대학 선정으로 국비를 다양하게 지원받아 교내 외 학생들에게 취업지원프로그램을 제공하여 재학생과 졸업자에게 정보를 제공할 수 있다는 것, 둘째, 최근 3년간 입학 정원 96%, 취업률 63%는 부산지역 4년제 대학교 평균보다 조금 높은 수치로 현재 학교와 노동부 그리고 민간기관 3자 협약으로 운영되고 있어 본 사업을 계속 유지할 수 있다고 답변했다.

그리고 현재 학교마다 가지고 있는 취업률의 문제에 대한 질문에 이론적으로 접근했을 때에는 IMF 시대 취업전선에 뛰어든 70년대생, 외환위기를 겪은 80년대생은 수직적인 조직구조나 관료화를 겪은 현재 30대 후반에서 40대에 속하는 연령대이며 내가 속한 조직이 운명공동체라고 생각했다면 밀레니엄 시대에 태어나 현재를 살아가고 있는 90년대생은 구체적인 취업계획 외에도 개인 시간을 중요하게 생각하고 평생직장보다 직업의 가치를 더 높게 생각하여 취업의 어려움을 가지고 있다고 답변했다.

면접이 끝날 무렵 마지막으로 "면접의 기회를 주신 점 감사하게 생각하며 새로운 직장에서 나 자신을 낮추고 타인의 의견을 겸허하게 받아들이며 경청하고 배려하는 자세로 업무를 하도록 하겠습니다."라고 전하며 면접은 마무리되었다. 다음 날, 최종합격 연락을 받고 회사에서 요청한 서류를 제출한 뒤 3월 초 대학교 개강일에 맞추어 출근 일정을 조율하면서 열흘 정도 기간이 남아 그동안 비교과 프로그램에 적용할 강의자료를 만들고자 자료수집에 집중했다. 그리고 이틀 후, 나에게 합격 통보를 주셨던 인사담당자님의 전화는 전혀 예상하지 못한 상황으로 전개되었다.

"박성우 님, 먼저 죄송한 말씀을 드려야겠습니다. 채용서류를 대학교 취업센터로 전달했는데 결격사유가 발견되어 학교에서 채용을 비희망하여 연락을 드립니다."

나는 "혹시, 어떤 결격사유로 채용이 취소되었는지 답변해 주실 수 있을까요?" 문의드렸고 담당자는 "선생님의 학사학위가 정규대학이 아닌 학점은행제수료로 학생에게 질적인 상담진행이 어렵다고 판단해 채용취소를 요청하였습니다. 지금까지 저희가 면접을 진행하고 채용자 서류를 학교 측에 전달하며 한 번도 이런 경우가 없어 저 역시도 지금 굉장히 당혹스럽지만 사실 그대로 전달하는 게 바람직하다고 생각해 이렇게 어려운 말씀을 전해 드립니다."라고 말씀하셨다.

난, "솔직하게 말씀해 주셔서 감사드립니다." 인사를 드렸고 담당자님은 "항상 어려운 일이 있거나 궁금한 사항이 있다면 언제든지 연락 주시기 바랍니다."라고 하시며 통화를 끝냈다.

강의자료를 만들고 있던 노트북을 닫고 잠시 멍하니 있었고, 그날 저녁은 담배만 잔뜩 머금으며 새벽에서야 잠이 들었다.

학력이 부족하다는 이유만으로 결격사유가 된다는 현실에 자괴감이 들었으나 다시 마음을 다잡고 구직활동을 시작했다.

다섯 번째 지원은 경남 김해시에 있는 4년제 사립대학교로 대학 자체적으로 운영하는 곳이었고, 자유 양식으로 이메일 접수로만 하여 기존에 작성했던 내용에 큰 틀을 바꾸지 않고 지원했다.

사실, 접수하고도 왕복 2시간의 출퇴근 거리와 유류비 발생이 내가 받는 급여에 차감되어 비용적인 부분에서 고민이 많았다. 하지만, 네 코가 석 자 인지라 마지막이라는 생각으로 지원했고, 지금까지 참여한 면접의 모든 내용을 총정리하면서 과거 민간기관 소속 당시 대학교와 업무협약체결로 졸업예정자 대상으로 학생들에게 학과 설명회 진행과 상담 경험을 강조하고자 생각했다. 서류 합격 통보를 받고 면접에 참석했는데 나를 포함한 1명의 면접 대기자만 있었고, 두 분의 면접관이 다양한 질문을 나에게 하셨다.

"경력사항에 기재된 직장에서 어떤 업무를 했는지 구체적으로 말씀해 주시기 바랍니다." 질문에 "개별상담 및 홍보, 성과관리, 사업제안서 작성과 발표, 구인업체 관리와 주 2회 교내 취업센터 졸업예정자 대상 학과 설명회와 상담을 진행했습니다."라고 답변했다. 면접관 한 분은 대학 일자리센터 소속된 상담사로 나의 경력과 직함이 부담되는지 "이렇게 많은 업무를 하며 힘든 점이 없었는지?" 그리고 "새로운 환경에서 동료들과 갈등을 해결하는 본인만의 방법은 무엇인지?" 질문에 소신 있게 답변했다.

다음 날, 불합격 통보를 받고 추가 채용공고가 없어 더는 지원하지 않았는데 한 달이 지났을 무렵 면접을 진행한 담당자께서 연락이 왔고, 내가 아닌 다른 지원자를 채용했는데 본인과 업무가 맞지 않아 퇴사하여 다시 공석이 된 자리에 출근 가능한지 물으셨지만 난 일언지하 거절했다. 남성이라는 희소가치가 높다는 평가를 받기도 했는데 상담사의 색깔보단 중간관리자의 색깔이 더 강하게 드러냈던 것 같다. 그리고 업무를 수행하고 있는 상담사의 주 연령층은 20대 후반에서 30대 초중반으로 마흔을 바라보는 내가 학생들에게 효과적인 정보를 제공할 수 있을지에 대한 의문과 학군에 따라 상담사의 경력보다 지원자의 출신학교도 채용에 중요한 요소라고 볼 수 있었다.

3장

Third Age

대학원을 진학하게 된 이유

직무마다 차이가 있겠지만 최근 들어 석사학위 이상을 요구하는 채용공고를 보게 되면서 안정을 선택할 것인지, 한 단계 도약할 것인지에 대한 고민이 많았다.

대학원 석사과정 진학은 단지 학습이 아닌 초보 연구자로서 첫발을 내딛는 것이며 학부생은 수동적으로 교육을 받았다면 석사과정은 새로운 지식을 창출해 내는 연구자로서 길을 어떻게 밟을 것인지 배우게 되는 과정이라고 볼 수 있었다.

그리고 석사학위를 최종적으로 받기 위해 어떤 연구를 수행하며 학위 논문을 작성하고, 심사위원에게 검증과 승인을 받는 절차가 있는데, 이 모든 과정이 쉬운 건 아니었다. 100페이지가 넘는 논문을 작성하는 과정에서 지도교수와 면담이 진행되고, 요구하는 사항을 잘 따라 주어야 하며 석사학위를 주는 건 일차적으로 지도교수인 것이었다.

　직장을 다니는 사람들은 일반대학원이 아닌 특수대학원으로 진학하는 것이 일반적이며 수업 시간은 평일 야간 또는 주말로 이전 학사과정의 전공은 관계가 없는데, 가장 많이 진학하는 과정은 경영대학원, 행정대학원, 교육대학원, 정책대학원으로 진학하는 비율이 높았다.

　그리고 교수님은 특수대학원 강의를 선호하는 이유가 가르치는 내용의 이해도가 빠르며 실무적인 부분에서 도움을 받거나 다양한 조직에 다니는 사람과 어울리며 정보를 주는 기회의 장이기도 했다. 간혹, 업무관계자나 대표자 또는 친구와 이야기를 나누는 자리가 마련되면 대학원 진학의 조언을 듣기도 했는데, 대부분 나에게 하셨던 말씀은 "대리님, 경영학과에 진학하면 기업의 대표나 실무자분들이 오시기에 인적 네트워크 형성에 큰 도움이 될 수도 있어요.", "박 팀장, 나중에 회사 차려야지? 경영학과 가서 조직관리에 대해 체계적으로 한번 배워봐!", "성우야, 내 주변에 일하시는 분들도 경영학과 가던데…."이었다.

　그런데 재미있는 사실은 현장에서 직업상담을 수행하는 분들은 심리상담 석사과정으로 진학하는 분들이 많았다는 것이다.

　학점은행제로 학사취득과 경력은 늘어나는데, 분명 변화는 필요하다고 생각했다. 먼저, 전공을 선택하는 게 고민이었고 학교와 학과를 결정하는 데 심층적으로 주변의 자문을 구하고 대중매체 그리고 자료를 검색해 내가 대학원을 진학해야 하는 이유를 정리해 보았다.

첫째, 직장인에게 대학원 진학을 권유하는 이유로 경기침체로 인한 일자리 부족 그리고 공부하는 것의 두려움으로 석박사학위 취득자 수요가 필요한 노동시장 흐름에 따라 한 살이라도 젊었을 때 학위를 받는 게 직장인에게는 유리하다는 것이다. 그리고 직장생활을 하며 좋은 경력을 유지해도 결국은 지켜주지 못하기에 과거, 경험이 많은 사람, 같은 일을 오래 한 사람이 유리한 구조였다면 지금은 또 다른 방법으로 경력 유지가 중요한 시대로 변화하고 있다는 것이다.

둘째, 대학원 진학으로 인생이 풀린다는 것은 아니기에 구체적인 목표 없이 막연하게 진학하여 내 진로를 생각한다면 의미가 없고, 3년 정도의 시간이 소요되는 만큼 시간과 비용을 들이는 구체적인 계획이 필요할 것이다. 그리고 많은 양의 정보를 매주 다루기에 학기당 2~3개 과목을 배우지만 범위는 굉장히 넓어 개인적으로 정보를 수집하는 시간도 필요하다.

셋째, 대학원 진학 후 장점으로는 좋은 사람들을 만날 수 있고, 업무에 필요한 지식을 수집하며 다른 분야에 종사하는 사람과의 만남으로 업무성과가 향상되며 시간을 효율적으로 사용하면서 결국 더 큰 목표를 세워 경력개발에서 석사학위 취득이 유리한 점으로 적용되어 다양한 활동을 영위할 수 있다.

몇 개월간 고민하면서 현장업무와 관련된 공부를 해보고 싶다는 결정을 하고, 국립창원대학교 행정대학원 고용노동학과 진학을 결심했다. 부산이 아닌 창원까지 가게 된 이유는 전공 선택이 한정되어 있었고 국립대학교로 학비가 사립대학교보다 저렴하며 구술고사의 간소화로 하반기 모집 요강에 따라 해당 기일 내 서류를 준비하고 지원했다. 모집인원보다 지원자 수가 초과할 경우 구술고사에서 탈락할 수도 있어 면접자료를 준비하는 과정에서 졸업 후의 계획은 무엇이며 석사 논문에 대한 장기적인 계획에 대한 답변을 준비했다.

구술고사는 오전이 아닌 직장인들의 배려로 저녁에 진행되어 시간적 여유는 있었고, 나를 포함한 4명의 대기자가 있었다. 학과 조교의 안내에 따라 한꺼번에 면접장에 들어갔고 세 분의 학과 교수님이 자리에 앉아 있었다.

'채용면접이 아닌 대학원면접인데 교수님의 정장 차림에 조금은 경직된 분위기가 연출되지 않을까?' 생각했지만 그건 기우였고, 편안하게 이끌어 주시며 동일 질문에 4명이 차례로 답하며 30분 남짓한 시간이 지나고 면접은 종료가 되었다.

며칠 후 합격 메시지를 확인한 뒤 2020년 9월, 하반기 국립창원대학교 행정대학원 고용노동학과 석사과정으로 나의 새로운 도전은 시작되었다.

직장인으로서
대학원과정이 힘든 이유

　9월의 가을하늘은 뭉게구름 사이의 햇볕이 가려 상쾌한 아침을 만끽하며 출근하기에 좋은 날씨였다. 과거 민간기관에 업무를 수행하며 알게 된 대표님의 권유로 양산에서 취업지원업무를 하며 주중 이틀은 창원으로 이동해 대학원 수업을 병행하는 과정은 직장인으로서 업무를 마치고, 수업을 참여하니 밀려오는 졸음으로 집중력을 유지하는 데 어려움이 있었고, 한 학기의 절반이 지났을 무렵에는 느끼지 못했던 피로감이 점점 밀려오기 시작했다.

　나를 포함한 4명의 학부생은 여성새로일하기센터, 결혼이주민센터, 공공기관에서 업무를 수행하고 있었고, 강의실에 또 다른 선배님들은 제조업체에 종사하며 민주노총 소속으로 노동과 관련된 업무를 다양하게 수행하고 계셨고 명함을 교환하며 정보수집에 도움이 되는 장이 마련되기도 했다.

업무가 아닌 학생 신분으로 학교 강의실에 들어온 건 13년 만이라 감회가 새로웠고, '학교 다닐 때 더 열심히 노력했다면 지금 무엇을 하고 있을까?' 생각에 잠시 잠길 때 정년퇴임을 앞둔 교수님이 들어오셨고, 노동학개론의 첫 수업이 시작되었다.

논문연구를 시작하는 단계로 대학원 수업의 가치를 높이기 위한 본인의 계획은 무엇이며 직업적인 기술이나 기법을 배우는 것이 아닌 실무와 이론의 이치를 공부하는 방법을 터득하게 될 거라는 말씀을 우리에게 하셨다.

"여러분들께서는 이번 학습을 통해 이치가 무엇인지? 그리고 그 문제해결의 이치를 알아가는 것이 대학원 수업의 목적입니다. 이해관계를 풀어나가는 것도 중요하며 규정과 규칙도 중요한 수단이 될 수 있기에 노동의 세계에서 발생하는 문제들을 살펴보고 원인이 무엇인지? 탐구하고 배우는 것이 학문이기도 합니다. 논문이라는 건 자기주장(이론)을 펼치는 것이며 석사학위를 받을 때 논문제출을 권장하며, 가장 좋은 논문은 자기 자신이 잘 아는 문제를 쓰는 것입니다. 선생님들께서는 직업적으로 노동의 세계에서 프로로 일하는 사람이며 전문성을 가지고 그 세계에서 부딪히는 문제들과 이치가 무엇인지? 정리해서 글로 작성한다면 다른 누구보다 잘할 수 있을 것입니다. 선행연구를 참조해서 지금 공부하고 싶은 문제를 볼 수 있도록 하며 기말고사는 석사 논문 제안서 발표로 대체할 예정입니다."

'아, 대학원 수업도 시험이 있구나! 첫 수업인데 참 빡빡하게

하는데?'

여기저기서 들었던 얘기는 '대학원 수업 정시에 마치지 않아! 걱정하지 않아도 돼!' 이렇게 첫 수업은 수강하고 있던 모든 이들에게 하나의 과제를 던져주시며 정확하게 21시 40분에 종료되었다.

"선생님께서는 어떤 주제로 할 계획인가요?" 수강하고 있는 한 분의 선생님은 나에게 이렇게 질문하셨고, 난 "저도 처음이라 잘 모르겠지만 교수님께서 말씀하신 가장 잘할 수 있는 주제를 선정하라고 하셨으니 고민해 봐야겠네요."라고 말했다.

수업에 참여한 분들의 고민은 나와 같았고, 집으로 돌아가는 어두워진 거리를 정속으로 주행하며 시선은 정면을 바라보고 있었지만 내 머릿속 생각은 혼란스러웠다.

대학원 진학 후, 업무를 마치고 집으로 돌아오면 샤워를 한 뒤 저녁을 먹고 노트북을 여는 것이 일상이었고, 피로감이 몰려왔지만 하나씩 꼬여진 매듭을 풀어나가려 했다.

민간기관에서 사업을 위탁받아 수행한 지 10년이 흘렀고, 가장 잘할 수 있는 내용은 지금 수행하고 있는 업무 주제로 선정하는 것으로 결정해 학술연구 논문, 학위 논문, 외국 문헌 사례를 검토하는 과정도 쉽지 않았다.

그리고 또 다른 수업인 노동법 각론은 노동법이 무엇이며 최근 화제가 되는 내용을 다루고, 주차 별 과제를 제시한 뒤 개인마다 수집한 내용을 여기 계신 선생님들과 함께 토론하는 수업으로 진행되었다.

토론 수업을 하게 되면서 현장에서 업무를 수행하며 쉽게 다루지 못했던 '최저임금', '고용보험', '산재보험', '산업안전', '비정규직 차별', '단체교섭이 포함된 노동법과 사회보장법'의 깊이를 알 수 있었다.

그러면서 일반적인 '임금', '근로 시간', '해고', '휴가' 등 사업장과 연관된 제도와 노동조합 단체협약중심으로 교섭과 협약체결 과정 중에 발생하는 분쟁을 노동위원회에 조정신청을 하고, 파업 등 단체협약체결과 부당노동행위 의미를 발견할 수 있었다.

그리고 학기 수업 절반이 지났을 무렵, 교수님께서 전태일 3법과 관련된 내용을 알려주셨는데 '중대재해기업처벌법'을 제정해 달라는 입법청원에 10만 명 이상이 참여함에 따라 노동 관련 주요 법안들이 국회 심사 절차를 밟게 되었고, 앞서 모든 노동자에게 권리를 부여하고 5인 미만 사업장 노동자들에게 적용되지 않는 근로기준법을 모든 노동자에게 적용하도록 한 근로기준법 및 노동조합법 개정 청원을 말씀해 주셨다.

이는 지난 2018년 태안화력발전소에서 일하다가 숨진 비정규직 故 김용균의 '일터에서 근무하며 억울하게 산재로 사망하는 노동자가 없기 위해 안전과 생명의 의무를 다하지 않는 기업과 책임자를 처벌하는 법'을 강조하셨다. 그러면서 현장에서 상담업무를 하는 나에게 의미심장하게 다가왔고, 이와 관련된 내용을 보다 관심을 기울이게 된 수업으로 구직자에게 노동법의 의미를 제공할 수 있는 기반이 되었다. 그리고 수업이 끝날 때 교수님께서는 남은 수업 일정은 공지한 대로 개별발표를 진행하겠다고 하시면서 미리 준비하신 주제를 보여주셨다. 나는 임금 항목 중에서도 '최저임금이 경제시장에 미치는 영향'에 대한 발표 주제를 정했는데 그 이유는 최저임금은 근로자에게 임금의 최저수준을 보장하여 근로자의 생활 안정과 노동력의 질적 향상을 기하는 것을 목적으로 하기에 자료수집을 하고 발표 후에도 청강하는 선생님과 질의응답도 원활하게 될 것으로 생각했고, 이렇게 하여 2개의 과목은 발표 수업으로 평가를 받게 되었다.

노동학개론의 기말시험 대체인 석사 논문 제안서 발표는 2021년도에 시행되는 '한국형 실업 부조(국민취업지원제도)의 취업지원서비스 방향'으로 설정했는데, 지난 10년간 시행한 취업 성공패키지 사업이「구직자 취업촉진 및 생활안정지원에 관한 법률」로 제정되면서 연구방법에 좋은 주제라 생각했다. 이 같은 연구는 고용 사각지대에 있는 취업 취약계층 대상으로 직업훈련을 받고 취업연계를 하는 과정에서 취업률, 고용유지율, 고임금 일자리에 취업하는 성과를 거두었다. 그러나 매년 변경되는 평가지표와 민간기관 운영의 어려움 그리고 직업상담사의 장기근속이 불투명하여 구직자에게 더 나은 취업지원서비스제공 어려움으로 참여자의 만족도는 낮았다. 이를 개선하기 위한 정부와 사용자 그리고 구직자의 역할을 찾기 위한 목적을 두고 연구하고자 했다.

선행연구 검토자료는 국회도서관에 등록된 학술자료와 석사 논문을 참고했고, 우리나라의 사회안전망 사각지대를 보완하고 운영하기 위한 전 국민 고용보험 제도 적용을 강조하며 발표했다.

그리고 노동법 각론의 기말시험 대체인 '최저임금이 경제시장에 미치는 영향'에 대한 발표내용으로 주 52시간 시행배경으로 우리나라 근로자의 연간 근로 시간은 2017년 OECD 통계에 따르면 2,204시간으로 멕시코 다음으로 높은 것으로 나타났고 우리 사회는 2004년 주 5일제 근무제가 시행되었음에도 여전히 장시간 노동에 따른 '낮은 노동생산성', '근로자의 휴식권 훼손', '빈번한 산업재해', '높은 자살률' 등 근로자의 삶의 질 저하로 이어졌다.

대기업 직원은 사원들의 정시퇴근을 위해 회의시간을 대대적으로 단축하고 협력회사와 계약 등 다양한 시스템을 새롭게 도입하면서 회사 인근에 있는 문화센터 교육강좌를 등록한 직원들이 지난해보다 30% 이상 크게 늘었다고 말했다. 반면, 중소 중견기업 직원은 무늬만 52시간이라고 불만을 쏟아냈고, 지방의 반도체 회사에 다니는 직장인은 법을 지키기 위해 퇴근카드를 찍고 일을 하고 있다고 했다.

주 52시간 근무제 시행에도 월급은 줄었다고 하는 직장인도 불만을 얘기하며 경쟁력 있는 노동시장을 위해 가장 시급한 입법과제는 '유연근무제 완화', '직무 성과 임금제 촉진', '최저임금제도 개편', '해고 법제 경직성 완화', '기간제 파견 규제 완화', '취업규칙 변경 절차' 등 해결해야 할 과제가 상당할 것으로 예상한다고 했다. 최저임금 인상과 유급휴일 지정에 따른 비용 부담을 줄이려는 노력이 필요하고, 고용 축소가 예상되는 가운데 최저임금

의 과도한 인상과 노동 규제 강화 등으로 고용 감소가 시작되었고, 노동 정책 변화가 적용되더라도 최소 1년의 유예기간 부여는 의미가 없다는 총 열 장의 분량의 내용을 발표했다. 분명 미숙한 부분이 많았는데 질책보다 과정에 대한 조언을 해주시며 오랜만의 학부생으로서 열정이 묻어났고 이렇게 한 학기의 모든 수업은 마무리되었다.

변화의 시작

2021년의 새해가 밝았다. 누구나 한 번쯤은 새해 일출을 보며 건강, 금연, 금주, 재물 등 다짐을 굳게 하는데 코로나 시기로 해마다 혼자 갔었던 이기대공원에서의 새해 일출은 다음 해에 기약해야 했다.

'호사다마(好事多魔)라고 했던가?' 지난해까지 좋았던 일들 또는 좋지 않았던 일들을 뒤로하고, '올 한 해 어떤 일들이 나에게 일어날까?', '또, 자기계발을 어떤 방향으로 설정해야 할까?' 근심 걱정으로 1월을 맞이했다.

"국민취업지원제도 신규 사업선정 되어 베테랑이 필요한데, 한번 해볼래?"

오늘도 어김없이 채용공고를 보며 '집 근처로 가봐?', '면접은 오라고 해놓고 나이가 많다는 이유로 날 채용하지 않겠지?' 쓸데 없는 생각을 하고 있을 때, 함께 일을 해보자는 제안은 '내 코가 석 자.'라 선택사항이 따로 없었다.

한국형 실업 부조의 국민취업지원제도는 고용보험 사각지대에 놓여 있는 근로가 어려운 대상자를 비롯한 생계지원에 관한 프로그램을 제공하기 위해 기존 취업 성공패키지와 청년 특별구직지원금 제도를 포함한 구직자 취업 촉진 및 생활 안정지원에 관한 법률제정으로 전 국민 고용보험 가입 및 사각지대에 있는 프리랜서, 플랫폼 노동자, 경력단절 여성 등에게 종합적인 취업지원서비스를 제공하고자 했다.

그리고 행정대학원을 진학해 첫 학기를 끝낸 시기로 향후 대학원 논문주제로 생각하고 있었기에 실무를 자세하게 볼 필요가 있다고 생각했다.

20대의 청년, 30대의 워킹맘 그리고 40대인 나를 포함한 3명의 업무 담당자와 오랜 공직생활과 민간기관에서 정년퇴임 후 부임한 이사님은 매일 가족보다 긴 시간을 함께하는 한 팀으로 구성되었다.

이사님은 내가 지금까지 겪어보지 않은 오랜 공직생활로 '언어와 태도 그리고 생활습관이 매우 올곧은 성향'을 지닌 분으로 내향적인 나로서는 가깝게 다가가기 힘든 분이셨다.

매일 오전 30분에서 1시간의 업무회의를 진행하며 상담사의 애로사항을 확인하고, 방문하시는 내담자의 질 높은 서비스제공에 대한 조언을 아낌없이 해주시며 항상 직원의 의견을 경청하고 해결해 주시려 노력하셨다.

그리고 함께 근무하는 동료들은 나이가 적고 많고를 떠나 서로 배려하고 책임감을 가지며 협동심을 발휘하였고, 상담하고 난 뒤 어려운 상황이 있을 때는 서로 의견을 나누며 해결방안을 찾으려 노력했다.

코로나의 영향으로 외부활동이 제한된 사항에서 방문하시는 내담자와 상담사는 항상 마스크를 착용하며 가림막을 세운 창구에서 상담을 진행했고, 하루에도 다양한 내담자가 방문하고 나간 자리를 깨끗이 정리정돈을 하며 퇴근 무렵에는 복지관에서 대여한 소형 방역기를 곳곳에 뿌리고 환기를 시키며 위생에 최선을 다하고자 했다.

그리고 행정대학원 두 번째 학기는 대면이 아닌 비대면으로 전환되어 퇴근 후 사무실에서 김밥 한 줄을 먹고 수업에 참여하는 생활이 반복되었는데 먼 거리를 이동하지 않아 유류비는 조금이나마 아낄 수 있었다.

또한, 취업 성공패키지 프로그램을 참여했던 내담자가 중위소득에 따라 변경된 국민취업지원제도로 적용되어 재참여할 수 있었고, 한 달에 50만 원의 구직수당은 적극적인 취업보다는 수당만을 받고 취업하지 않으려는 내담자가 많아져 상담진행에 어려움이 많았다. 또한, 변경된 전산프로그램을 익숙해지는 데도 상당한 시간이 소요되었다.

2분기가 지날 무렵, 민간기관과 고용복지플러스센터 실무자 간담회 공문을 확인하였고, 나와 이사님은 예정된 일자에 참석했다.

6개의 민간기관 대표자나 실무자가 있는 자리에서 현재까지의 성과지표를 확인할 수 있었는데 기관마다 수치상으로 큰 차이가 없어 실적관리를 병행하고 있던 나는 함께 근무하고 있는 동료들의 성과관리를 효율적으로 하고 있다는 것을 알고 있었기에 현재 눈에 보이는 실적은 하반기 최종평가 전까지는 큰 의미가 없다고 생각했다. 하지만 그건 나만의 착각이었고, 간담회 자료를 검토한 대표님과 이사님의 생각은 전혀 달라 상황은 묘연하게 흘러갔다.

"전부 다 바꿔!"

故 이건희 삼성그룹 회장께서 말씀했던 내용이 기억났다. "마누라와 자식만 빼고 다 바꿔라."

전부 다 바꿔!

 평소처럼 퇴근을 앞둔 시간 한 통의 전화가 왔고, 이사님은 지금 혼자 조용히 회사 앞 카페로 나를 부르셨다.
 "지금부터 업무시스템을 하나씩 바꿔보려고 합니다. 상반기 대비 실적이 다른 기관에 비해 현저히 낮아 불가피한 조치임을 알려드립니다."
 '왜? 나 혼자 부르셔서 말씀하시지? 업무 전달사항이면 직원들 모인 자리에 말씀하셔도 되는데….'
 이사님의 말씀은 1시간이 훌쩍 넘어도 끝나지 않으셨고, 가장 먼저 현재 작성하고 있는 상담일지를 다른 형식으로 변경하도록 지시하면서 주간보고도 일 보고로 그리고 업무 시작과 업무 종료 전 회의를 필수적으로 진행한다는 계획을 나에게 말씀하셨다.
 다 좋았다. 나도 융통성이 없고, 앞뒤가 꽉 막힌 사람이 아니기에 이사님의 의견에 공감했다. 그러나 매일 함께 근무하고 있는 동료들과 소통으로 다음 주 그리고 한 달 뒤의 실적에 관한 보고는 드렸고, 성과향상은 그래프로 봐도 뚜렷해 보여 이 같은 내용을 말씀드리면서 행정적인 절차와 하루 두 번의 회의는 실무에 다소 시간이 지체되고 서비스제공에 영향을 미칠 수 있다고 건의했다.

그러나 대표님과 이사님의 생각은 바뀌지 않으셨고, 다음 날, 단 3명밖에 없는 우리를 불러 교육장에서 진행한 회의는 평소와 다른 무거운 분위기로 흘러갔다. 우리에게 의사를 물을 때는 내가 대표로 대답을 하며 다음 안건으로 계속 진행되었는데 사실, 미리 함께 근무하고 있는 동료들에게 언급은 했고, 모든 형식을 바꾸며 상담일지를 체계화하고 주간보고와 일보고 수치를 전문화하도록 형식을 완전히 개편했다. 그리고 두 번의 회의는 취업 성공사례와 미취업의 원인을 진단하고 향후 서비스제공방안에 대한 실무자의 의견을 듣고 지시한 내용에 따라 움직인 다음 보고서를 제출했다.

여기서 또 하나의 과제는 상상을 초월했다. 우리는 요청이 아닌 지시에 따라 2명씩 짝을 지어 성과가 우수한 민간기관 두 곳에 방문했고, 나는 20대 직원과 동래구에 입점해 있는 J 민간기관을 갔다. 구직자 모집방안과 참여자 관리 그리고 실적관리 방안은 지금 우리가 하는 프로세스와는 별반 다르지 않았고, 오히려 내담자 시점에서 민간기관에 들어가는 입구와 사무실 내부가 낡은

건물의 느낌이 들면서 상담실을 따로 운영하지 않고 개방된 장소에 상담하는 점들은 의아했다. 그리고 다른 동료가 방문한 양산에 입점해 있는 D 민간기관은 단일 사업이 아닌 여러 개의 사업 운영으로 데이터 축적이 잘 되어 있었는데 무엇보다 상담사의 실적에 대한 성과급을 적절하게 제공해 준다는 부분이 사기진작에 필요한 항목이라고 개인적으로 느꼈고 결과보고서를 제출 후에는 따로 언급은 없으셨다.

시간이 흘러 업무 프로세스는 점차 안정화가 되어 갔지만 나는 '버튼을 누르면 자동으로 움직이는 기계'처럼 업무를 하고 있다는 생각이 들었고, 함께 근무하는 동료들과 대화도 점차 줄어들며 내담자가 없는 사무실의 분위기는 적막한 흘러갔다.

이러한 근무환경을 변화하고자 이사님은 매월 마지막 수요일 오후는 문화의 날로 지정해 '영화관람', '스포츠 활동' 등 직원의 사기진작을 도모하고자 노력하셨는데, 업무가 쌓여 있던 우리는 문화의 날 활동을 마치고 집이 아닌 사무실로 복귀해 각자 밀려 있던 업무를 하며 실적향상에 더욱 노력했다. 처음 회사 내부규정을 정할 때 직원들은 예전 직장을 다니며 문화 활동을 한 경험이 없어 1시간 조기 퇴근을 원했는데, 이사님은 "직원의 스트레스를 해소하고 사기진작을 도모하는 문화 활동만큼 중요한 건 없다."라고 하시며, 매월 문화 활동의 계획은 서로 돌아가며 하나를 선정해 품의서를 작성하고 활동 이후에는 지출결의서와 결과보고서를 작성하는 기본적인 업무절차를 거치는 행정처리를 했다.

그리고 시스템의 또 다른 변화는 신규직원 채용이었다. 당시에는 청년을 채용하면 기업에 지원금을 지급하는 제도가 시행되었는데, 이를 적용해 마케팅 업무가 가능한 직원을 채용해 홍보업무를 진행하려는 계획이었다. 이 계획은 빠르게 진행되어 일주일 내 서류를 검토하고 면접을 보며 채용이 완료되었고, 관공서에서 마케팅 업무 경력이 있는 20대 후반의 여성이었다. 나는 채용과정에 관여하지 않아 첫 출근 하는 날 만남이 이루어져 인사를 나누고, 신규직원의 지정된 자리는 우리와는 멀리 떨어져 있지 않은 가까운 자리였다.

단아한 외모의 말수가 적었던 직원은 출근 첫날부터 평소 해온 것처럼 회사에서 수행하고 있는 업무를 빠르게 파악하고, 흡수되어 마케팅 업무를 하는 모습이 이사님이 바라본 시점에는 매우 흡족하셨고, 점심시간에는 함께 근무하는 동료들과 담소를 나누며 친밀감을 유지했다.

그러면서 업무 프로세스와 사무실 내 분위기도 안정화되면서 서로 맡은 업무에 집중하며 성과향상을 보였지만 각자의 내적갈등으로 '업무 스트레스를 어떻게 해소하는 것이 바람직한 행동일까?' 생각을 각자 하기도 했다.

나의 스트레스 해소방안은
무엇일까?

　오래전의 일이었다. 직업상담사를 처음 시작하며 참여했던 MBTI 초급과정에서 나의 성격유형은 ESFJ이었다. 당시에는 주변에서 하는 말들이 있었는데 '직업상담사는 밝은 성격의 소유자만이 할 수 있는 직무'라고 했었고, 실제 나의 성격인 ISFJ를 알게 된 시점은 10년이 지난 지금이었던 것 같다.
　그리고 난, 예전이나 지금도 항상 똑같은 패턴으로 일상을 보내었는데 출근할 때 버스를 타면 고정 자리에 항상 앉아야 하는 것, 지하철도 맨 뒤 일곱 번째 라인에 탑승하는 것이었다. 그리고 금요일 저녁 퇴근 후 집으로 들어가면 월요일 아침 출근 시간에 현관문을 나올 정도로 외부활동을 좋아하지는 않았다. 누군가는 나에게 "머피의 법칙도 아니고 이렇게 재미없게 살면 좋아?" 물어보면 굳이 답변은 하지 않았다. 깊이 있고 소수의 대인관계를 유지하며 신중하고 조용한 성격으로 혼자만의 시간으로 에너지를 충전하는 것을 선호했다. 그리고 정리정돈과 계획 수립 후 시작하는 태도로 때로는 업무를 수행하는 과정에서 진취적인 성향을 지닌 관리자와의 의견충돌이 일어나면서 좋은 결과를 보여주지도 못했던 나였다.

그리고 30대 초반 친구의 권유로 사회인야구단 활동을 했었는데, 처음에는 거절 의사를 내비쳤지만 계속된 권유에 어쩔 수 없이 활동했던 적이 있었다. 한 주 동안 업무로 인한 스트레스를 해소하고자 했던 활동은 오히려 스트레스를 더 가져와 아무 일도 없는데 일정이 있는 것처럼 회피하며 일부러 불참하기도 했다. 활동적인 행동이 아닌 온전한 휴식을 선호했던 서로 다른 스트레스 해소방안을 당시에는 알지 못했던 게 아쉽기도 했었고, '그럼 어떻게 하면 현재 내가 가지고 있는 업무 스트레스를 해소할까?' 생각했고, 마침 행정대학원 두 번째 학기를 마치고 방학이 들어간 시점이라 요양보호사 자격증을 취득하고자 결정했다.

최근 중·장년층의 요양보호사 자격취득자가 부쩍 증가했고, 사회복지사 2급 자격 소지로 50시간 내외의 교육만으로 시험 응시가 가능했다. 그리고 나 역시도 알 수 없는 미래를 대비한 준비가 필요했고 근무하고 있던 사업장 주변에 있는 훈련기관을 선정한 뒤 평일 저녁과 주말이 포함된 수업은 다소 부담되었지만 2주만 몰입한다면 결코, 나쁘지 않은 일정이었다.

수업 첫날, 퇴근 후 겨우 시간에 맞추어 강의실에 도착했고, 20

여 명이 넘는 교육생 중에 내가 가장 나이가 적었는데 심지어 희끗희끗한 백발의 노신사도 다수 보였다. 잠시 후, 훈련기관 담당자는 1시간 동안 오리엔테이션을 진행했고, 모여 있는 교육생에게 시험 응시에 필요한 서류를 모두 받아 단체접수를 할 예정임을 공지하며 몇 가지 유의사항을 알려주셨다. 그리고 짧은 휴식 시간이 지나 훈련기관 원장님이 들어오셨고 본격적인 수업이 시작됐다.

온종일 업무에 시달려 힘듦이 밀려온 상태에서 수업을 참여하니 집중력도 낮아지고, 피곤함은 더욱 밀려와 총 3시간의 수업 중 내가 집중할 수 있는 시간은 수업 시작 후 첫 30분이었다. 교육과정에 따라 강사님이 돌아가며 수업을 진행하셨는데 현재 의료업에 종사하고 계셔서 현장감이 묻어나오며 자격증 취득 후 현장에서 근무할 때 유의사항을 보다 자세하게 알려주셨다. 그리고 평일 수업이 끝난 뒤 토요일은 현장실습 대체로 치매 교육이 진행되었고, 이렇게 모든 교육이 끝이나 시험을 앞두고 있었다.

시험 당일, 거주지에서 가장 가까운 고등학교에 시험장소를 선택해 가벼운 발걸음으로 시험장에 도착했고, 1시간 전이지만 많은 수험생이 자리에 앉아 있었다.

나는 교재에 있는 문제를 다시 훑어보았고, 잠시 후 시험감독관이 들어오셔서 종소리와 함께 시험은 시작되었다. 익숙했던 문제를 보면서 OMR에 체크를 하고 1시간 후 시험장을 빠져나왔다. 당시에는 CBT 시험이 시행되기 전이라 시험 응시 후 당일 저녁 8

시가 지나면 가 채점을 할 수 있게 홈페이지에 답안을 확인할 수 있었다.

'정답 개수가 몇 개인지 맞춰보자. 하나, 둘, 셋, 넷….'
'어? 60점이 아니네? 한 문제가 부족하네. 다시….'
'아마, 이건 꿈일 거야.'
아니, 현실이었다. 그리고 내가 안일했다. 내가 틀렸던 딱 한 문제가 오류로 전원정답이길 기대했지만 바램은 일어나지 않았다.
"성우 님, 어떻게 이런 일이 일어날 수 있죠?"
합격자 발표날, 학원에서 전화가 왔고 원장님은 나에게 "시험을 응시한 교육생 중에 본인만 불합격입니다. 매 회차 한두 분 정도 떨어지는데, 이번 회차는 가장 나이가 어린 성우 님만 불합격이네요. 제가 너무 부끄러워 고개를 들 수가 없어요."라고 말씀하셨다.
죄송했다. 공부한다고 했으나 너무 쉽게 생각했고, 쥐구멍이라도 있으면 숨고 싶을 정도로 부끄러웠다. 2개월 후 개인적으로 접수를 다시 하고 똑같은 장소에서 시험을 응시해 '합격'이라는 결과를 확인하며 지정된 병원에서 건강검진을 받고, 서류를 제출한 뒤 훈련기관에 방문해 자격증을 발급받았다. 처음 계획한 2개월이 아닌 4개월 만의 취득이라 큰 기쁨은 없었고, 마침 상주해 계시던 원장님을 뵙게 되어 "심려를 끼쳐드린 점 대단히 죄송합니다." 정중한 인사를 드리며 밖으로 나왔다.

친구야, 나 좀 도와줘!

"평소 해오셨던 강사님의 일정이 맞지 않아서 말인데, 졸업예정자 대상으로 2시간 정도 특강 해줄 수 있어?"

처음 나에게 집단상담프로그램을 권유하고 직업상담사 자격증을 취득했던 친구는 민간기관에서 4년 남짓한 업무를 뒤로하고, 대학교 취업상담센터로 이직해 근무를 계속하며 경력을 유지하고 있었다.

부산 사하구에 있는 사립대학교로 남학생보다 여학생 수가 많은 자연과학계열이 우수한 게 특징이며 취업률도 지역 내 가장 높은 것으로 알고 있었다. 처음 민간기관에서 서로 근무하며 공통적인 업무 내용이 많아 자주 만나서 대화를 나누었는데, 지금은 서로가 하는 프로세스와 위치가 달라 업무적인 내용보다는 일상적인 대화를 주로 나누었다.

나에게 이런 제안이 고마웠다. 한편으로 다양한 곳에서 경험을 해보고 싶다는 생각을 친구에게 한 번씩 표현했는데, 기억하고 있었는지 "지금 채용 시기라 학생들에게 입사지원서 작성법에 대해 간략하게 알려주면 돼. 평소에도 해봤으니 어렵지 않을 거야!"

강의 시간을 학생들 수업 시간에 맞추다 보니 평일 오후 업무시간이라 이사님께 반차 결재를 받고자 했다. 사유를 물으셔서 "대학에 근무하는 친구가 있는데 학생들 대상으로 취업특강을 요청해 업무 시간이라 반차를 사용하려고 합니다."라고 말했다. 그러자 이사님은 특별히 반차가 아닌 업무 연계가 필요하니 강의를 마친 뒤 학과 교수님과 면담 후 업무협약체결을 나에게 요청하셨다. 사실, 친구의 취업특강 제안하기 전 내가 소속된 민간기관의 지역과 친구가 근무하는 지역이 달라 어렵다는 걸 알면서도 업무협약체결을 말하였고 친구가 "현재 2개의 민간기관이 학교와 업무협약체결이 되어 있고, 지금도 다른 민간기관에서 업무협조 요청의뢰가 계속 들어와 팀장님이 더는 협약을 받지 않고 있어."라고 했었고 친구도 기간제 근로자로 근무하는 불안정한 신분이라 계속 추진하지는 않았다. 하지만, 이사님은 한 번 더 추진해 보도록 요청했으나 친구의 난처한 사항을 만드는 게 불편했고, 차별을 두기 싫어 요청한 반차를 승인받고, 취업특강을 하러 갈 수 있었다.

"여러분들이 보는 40대의 이미지는 무엇인가요?"

나도 불혹(不惑)이 되어 띠동갑 가까운 나이 차를 어떻게 생각하는지 궁금했다.

"음… 아저씨?", "삼촌?", "아무튼 오빠나 형은 아닌 것 같아요."

20대 초반의 학생들에게 말하고자 한 건 부모님의 나이대가 아닌 30대 초중반의 실무자와 면접을 보고, 때로는 업무를 함께하기에 평소 어떤 이미지로 보고 있는지 알고 싶었다.

'직무역량은 무엇인가?'
'입사지원서의 기본공식이란?'
'단어의 중요성?'
'경험 중심의 유형의 중요성?'

총 4개의 주제로 준비한 강의는 내가 직접 현장에서 수많은 내담자와 상담하며 해당 학과와 관련된 실제 사례 중심으로 내용을 구성했고, 현실감 있게 다가가려 했다. 그리고 만족도 조사를 끝으로 2시간의 강의를 끝내고 학과 교수님의 연구실에 방문해 감사의 인사를 드렸다.

집으로 돌아가기 전 퇴근을 하고 나오는 친구와 함께 학교 주변의 식당에서 저녁을 먹으면서 그동안 하지 못했던 얘기를 나누었다. 당시에는 집합금지 시간이 정해져 있었고 다음 날 각자 출근해야 하기에 "오늘 고마웠어!" 하며 다음 만남을 기약하며 헤어졌다.

발표자 말고
다른 사람은 없나요?

가을이 되면서 실적평가를 앞둔 시점이라 1명이라도 많은 취업자를 발생시키고자 노력했고, 지역 내 업무 체결한 대학에서 졸업예정자 대상으로 학과 설명회를 진행하며 참여신청서를 받아 출장상담 업무를 병행했다. 그러면서 행정대학원의 세 번째 학기가 시작되었고, 대면 수업이 정상적으로 이루어져 주중 이틀은 평소보다 30분 일찍 사무실에서 나와 창원으로 학업을 병행하는 일정은 계속되었다.

지난 학기는 대부분 온라인 수업으로 진행되어 오랜만의 만남이 그간 얼마나 따뜻하고 소중한 시간이었는지는 서로 마스크를 착용해 깊은 얘기를 나누거나 식사를 할 수 없어 아쉬움이 많았다.

그리고 노동법 판례와 노사관계론의 수업은 현장에서 업무를 하는 나에게는 구직자에게 하나라도 알려줄 수 있는 정보가 방대했고, 전문적인 연구나 학술자료를 탐색하는 시간이 필요했다.

 중간고사가 끝나고, 교수님은 "남은 학기 동안은 개인발표 수업으로 진행하겠으며 제가 주제를 말씀드리면 그 주제로 발표하고자 하시는 분은 의사를 표현해 주시면 되겠습니다."라고 말씀하셨다.

 주제를 듣고 가장 먼저 발표를 하고 싶어 손을 번쩍 들었다. '이유는 간단했다. 늦게 하면 할수록 부담되니깐….'

 노동법 판례 개인발표 주제는 '대규모 유통업에서 판매사원 간접고용에 관한 사례(퇴직금)'로 정했고, 대법원에서 판결된 '백화점 매장관리자의 근로자성을 인정', '백화점 매장관리자의 근로자성을 부정' 두 가지의 내용을 정리했다.

 ① 사용자가 상당한 지휘·감독을 하는지, ② 사용자가 근무시간과 근무 장소를 지정하고 근로 제공자가 이에 구속받는지, ③ 근로 제공자가 스스로 비품·원자재나 작업 도구 등을 소유하거나 제3자를 고용하여 업무를 대행하게 하는 등 독립하여 자신의 계산으로 사업을 영위할 수 있는지, ④ 근로 제공을 통한 이윤의 창출과 손실의 초래 등 위험을 스스로 안고 있는지, ⑤ 보수의 성격이 근로 자체의 대상적 성격인지, ⑥ 기본급이나 고정급이 정하여졌고 근로소득세를 원천징수 했는지, ⑦ 근로 제공 관계의 계속성과 사용자의 유무와 정도, ⑧ 사회보장제도에 관한 법령에서 근로자로서 지위를 인정받는지 등의 경제적·사회적 여러 조건을 종합하여 판단하는 내용을 정리하며 노동법상 근로자 개념의 본

질과 근로관계의 성립조건을 자세히 확인할 수 있는 시간이었다. 그리고 노사관계론에서는 교수님의 고용관계론 저서를 구매하며 산업사회와 노동문제, 고용 관계의 배경, 노동조합, 단체교섭과 단체협약의 중요성을 알게 된 시간이었다.

어느덧 시간은 흘러 한 해의 노력도를 알 수 있는 최종 성과지표를 받게 되었다. 여러 개의 평가항목으로 구성되어 있는데 결론적으로 말하면 서면심사로만 차년도 사업선정이 되는 상위등급의 성과를 가져오게 되었다. 기쁨과 환희의 순간이라 생각할 수 있지만 우리는 당연한 성과라고 생각해 최종성과지표 등급을 확인한 뒤 평소처럼 각자의 업무를 수행했고 난, '분명 나에게 사업제안서를 작성하라고 하실 거야.' 생각해 예전부터 수집한 자료를 다시 훑어보며 준비를 했다.

"이번에 우리 기관은 한 단계 도약하는 비전으로 2개의 지사의 신규사업선정과 또 하나의 유관사업선정에 필요한 총 3개의 사업제안서를 준비해 주시기 바랍니다."

'기존 사업제안서까지 포함하면 총 4개인데….' 내 속마음을 얘기하지 않고 "네, 알겠습니다."라고 하며 사업공고문과 올해 기관에서 수행한 실적을 정리했다.

이사님은 하나부터 열까지 모든 사항을 내가 지금까지 해왔던 형식을 모조리 바꾸셨고, 그동안 본인께서 만들어 왔던 양식대로 작성할 수 있도록 요청하시며 내가 받아들이는 데 상당한 시간이 지난 뒤에야 적응이 되었다.

'다시… 다시… 다시….' 기존 업무를 병행하며 많은 사업제안서를 작성하는데 시간이 부족했고, 퇴근은 내 머릿속에 없는 단어로 주말에도 내 방에서 사업제안서와 발표자료를 만들었는데 이렇게 하지 않으면 기한 내 완료할 수가 없었기 때문이었다. 사업제안서 인쇄를 앞두고 이틀 전 최종점검 하는 과정에서 이사님은 구성이나 내용의 흐름이 썩 마음에 드시지 않으셨는지 나에게 이유는 설명하지 않으시고, 내가 정리한 파일을 요청하셨다. 나도 눈치가 보여 추가자료 요청에 대비해 내 자리에 앉아 있었고, 시계는 밤 11시를 가리키고 있었다.

"이사님, 시간도 늦으셨는데, 오늘은 마무리하고 퇴근하시는 게 어떨까요? 많이 피곤해 보이십니다."

꿈쩍도 하지 않은 채 "먼저 퇴근해!" 말씀은 '아! 자택에 가실 생각이 없으시구나!' 생각이 들었고, 1시간을 더 기다려 새벽이 되는 12시 정각에 "저 먼저 들어가 보겠습니다." 하며 졸음을 겨우 이겨내며 달리고 달려 집에 도착해 간단하게 씻고 바로 잠이 들었다.

다음 날 오전, 사무실 문을 열고 들어가니 이사님은 몇 시간 전 뵈었던 모습으로 업무를 보고 계셨고, 이사님께 다가가 인사를 드리며 "피곤해 보이십니다. 근처 사우나에 가셔서 잠시 눈 좀 붙이고 오시죠?" 했지만 이사님은 "괜찮아, 업무 봐!"라고 하셔서 나는 내 자리로 돌아가 업무를 시작했다.

결국, 마감기한 2시간을 남겨두고 사업신청서를 고용복지플러스센터 담당 주무관에게 제출하였고 사업발표자료를 정리했다. 그리고 일주일 후 두근거리는 마음으로 내외부 심사위원이 계시는 사업선정 심사장에 도착했다.

2개의 지사의 신규사업선정과 또 하나의 유관사업선정에 필요한 발표순서는 정해졌고, 모든 발표를 실무자인 내가 하게 되면서 1년에 한 번 하게 되는 사업발표의 긴장감은 또 내 심장이 요동치기 시작했다.

2개의 신규지사 사업선정을 위한 첫 번째와 세 번째로 각각 입장해 발표를 진행했는데 뭐, 여기까지는 심사위원도 이해하셨다. 그런데 또 다른 유관사업선정을 위한 발표로 맨 마지막 순서로 입장해 인사를 했을 때는 심사위원도 웃고 나도 웃었다. 한 분의 심사위원은 농담 반 진담 반이 섞인 의미로 "여기는 발표자 말고 다른 직원은 없나요?"라고 하셨다.

난, 멋쩍은 웃음을 지으며 "사업을 총괄하는 실무자로서 책임감을 가지며 최선을 다하는 마음에 제가 사업발표를 하겠다고 대표님에게 건의를 드렸습니다. 소속된 기관에서는 뛰어난 역량을 가진 직원이 다수 보유하고 있어 사업을 수행할 수 있게 기회를 주신다면 최선을 다해 성과를 달성하도록 하겠다"라고 답변했다. 그리고 뒤늦게 알게 된 사실은 이사님은 내가 사업발표를 하는 순간마다 버벅거릴 것 같아서 심사장 손잡이 문을 잡고, 들어오실 태세를 하고 계셨다고 하셨다.

'아무리 그래도… 그 정도의 수준은 아닌데….' 혼잣말을 하며 결과를 기다렸고 하나의 신규지사 사업선정만 되어 소정의 성과를 달성할 수 있었다.

성인 학습자 사회복지상담학과 겸임교수

"대학교에 가서 강의해 볼래?"

2022년 1월 초, 신규 사업선정으로 내가 근무하고 있던 민간기관은 또 하나의 지사를 설립했고, 비용을 아끼고자 토요일 하루 동안 대표님과 단둘이 사무실을 정리한 뒤 해가 질 무렵 햄버거를 먹으며 나에게 툭 던진 말씀은 내 삶의 새로운 전환점이 되었다.

"업무에 지장이 없다면 한번 해보겠습니다."라고 답변 드렸고 난, 평소처럼 학생들 대상으로 취업강의라고만 생각했지, 정규대학에서 성인 학습자 대상 수업을 진행할 거라고는 상상도 하지 못했다.

내 나이 마흔하나, 내 삶은 세 가지로 변화되었다. 평일에는 민간기관에서 직업상담사 업무를 하는 직장인의 삶, 고용노동학 학문을 배우는 대학원의 삶, 그리고 매주 토요일 성인 학습자 대상 사회복지상담학과에서 직업상담세미나 과정을 가르치는 겸임교수 삶이었다.

"정말이야? 대단하구나. 지금까지 너의 노력이 배신하지 않았으니 잘할 수 있을 거야." 나의 일거수일투족을 얘기하는 편이 아닌데, 내 인생의 멘토인 누나에게 전화로 소식을 알렸다.

누나는 격양된 목소리로 축하의 말을 해주었고 난 정말 최선을 다해 열심히 할 거라고 전했다. 그리고 부모님께도 조심스럽게 말씀을 드렸는데 별 반응은 없으셨고, 몇 명의 친구에게만 이 소식을 알렸다.

그중 1명의 친구는 "네가 감히 대학교에서 강의를?" 반응을 나에게 부정적으로 표현하기도 했는데 어떤 의미에서 말을 했는지는 모르지만 내 주변의 소중한 사람이라 격려와 지지를 받으려 얘기했을 뿐이었다.

성인 학습자 대상으로 하는 수업은 일반 대학교와 같은 한 학기마다 15주 차로 온라인과 대면이 혼합된 수업을 평일과 토요일에 진행했다. 학기 시작 전, 책임교수님과 미팅했는데 교수님은 나에게 "매주 토요일 대면 수업을 듣는 분들은 연령층이 다소 높고 생업에 종사하며 학위를 취득하는 목적을 가지고 오십니다. 어려운 용어보다는 현장실무에 종사하는 만큼 쉽게 다가갈 수 있게 강의를 준비해 주시면 되겠습니다. 아무쪼록 한 학기 잘 부탁드립니다."라고 당부의 말씀을 전하셨다.

그리고 온라인 강의 등록과 대면 수업자료를 정리하는 두 달은 주말을 이용해 정보를 수집하며 어떻게 학습을 구성해 진행할지에 대해 내가 알고 있는 인맥을 동원해 자문을 얻으려 했다.

먼저, 현재 학문을 배우고 있는 행정대학원 고용노동학과 지도교수님께 연락을 드렸고, "교수님, 제가 이번 학기부터 매주 토요일 성인 학습자 대상 사회복지상담학과 겸임교수로 임용되어 직업상담과정을 강의하게 되었는데, 조언을 구하고자 이렇게 연락을 드립니다."라고 말씀드렸다. 교수님께서는 "어렵게 생각 말고 이론적인 내용을 자세하게 알려주시면 되고 중간에 학습자분들의 건의사항을 잘 듣고 해결해 주시면 아마 어려움 없이 하실 수 있을 겁니다." 답변으로 조금은 부담감을 내려놓을 수 있었다.

"이사님, 개인적인 용무로 간곡한 부탁을 드리고자 합니다."

10년 넘게 업무적인 관계를 유지하고 있는 훈련기관 이사님에게 연락을 드려 자초지종을 말씀드렸고, 흔쾌히 수락해 주셔서 훈련기관의 직업상담 동영상을 시청하며 사전 준비를 할 수 있었다.

학기 시작을 앞두고 학사행정 시스템에 수업계획서를 입력하고, 수업자료실에 학습자료를 등록해 이번 학기 처음으로 만나게 될 학습자분들의 명단을 확인할 수 있었다. 이렇게 하여 직업상담세미나 첫 수업을 알리는 3월 봄날의 아침이 밝았고, 수업 시간에 맞추어 학교로 올라가는 길은 진해군항제에 갈 필요 없을 만큼 벚꽃이 너무나 아름답게 피어 있는 풍경을 바라보며 학생도 직원도 아닌 교수로서 부담은 조금이나마 덜 수 있었다.

"반갑습니다. 직업상담세미나 수업을 진행하게 된 박성우입니다. 현재 저는 민간기관에서 직업상담 업무를 수행하고 있으며 이렇게 처음 선생님들과 만나게 되어 영광스럽고 한 학기 동안 재미있는 수업이 될 수 있도록 최선을 다하도록 하겠습니다."

 한 학기 동안 수업하게 될 강의실 문을 열고 성인 학습자분들과 첫 만남 후 미리 준비한 인사말을 하려고 했다. 그런데 앞에 계신 한 분의 학습자분께서 내 이름을 큰 소리로 부르면서 환영의 박수로 나를 맞이해 주셨는데 예상하지 못한 상황에 당황하며 급하게 감사하다는 인사를 한 뒤 준비한 인사말을 시작했다.

 수업에 참여하신 학습자분들은 내가 평소 상담을 하며 만나왔던 중·장년층이 대부분이었고, 간혹 한두 명의 청년도 포함되어 있었다. 첫 수업은 이론적인 학습보다 내가 지금까지 현장에서 직업상담사로 업무를 수행해 온 과정에 대해 말씀드리며 졸업과 동시에 사회복지사 2급 자격증 취득 외에 직업상담사 업무의 중요성을 강조한 첫 수업은 어떻게 흘러갔는지 정신이 없을 만큼 빠르게 끝이 났다.

생각의 차이

'직원을 채용하는 기준은 무엇일까?', '일은 잘하지 못하지만 성실한 동료?' 아니면 '일은 잘하지만 얄미운 동료?' 신규사업선정으로 보직변경을 발령받아 새로운 곳에서 업무를 하게 되어 직원을 채용해야 하는 상황이었다.

'자기 주도적이고 진취적인 성향을 지닌 사람'을 선호하는 이사님과 '내성적이지만 매사 신중한 성격을 지닌 사람'을 선호하는 나와의 생각의 차이로 채용심사과정에 다소 시간이 걸렸다.

"이사님, A 지원자는 현재 근무하고 있는 직원들과 호흡이 좋을 것 같은데, 어떻게 생각하십니까?"

"음…. 난 아무래도 B 지원자가 좋을 것 같네. 지금 근무하고 있는 직원과 전혀 다른 성향을 가지고 있어서 사무실 분위기의 변화를 줄 것 같네."

3장 Third Age

"아…. 네…. 알겠습니다."

결국, 이사님이 선택한 지원자는 다른 결정을 해 함께 근무는 하지 못했다. 그리고 임금협상 과정에서도 근속연수나 학력, 성별에 따라 반영되는 연공서열제도 아닌 근로자 개인의 직무수행 능력을 반영되는 직능급도 아닌 동일노동 동일임금으로 산정하는 직무급도 아닌 오로지 한해 성과달성 미흡으로 소폭 인상된 급여는 내 마음속까지 차가운 바람을 일으켰다.

1월 중순, 직원채용과정에서 다소 시간이 지체되어 2주간 혼자 사무실에 상담하게 되면서 문을 열고 들어오는 내담자의 발걸음은 나에게 느릿느릿 다가왔다.

"처음에는 지금처럼 사무실이 정상화되지 않았고 남자 혼자 맞이하니 조금은 무서운 생각을 했었어요."라며 서로 웃으며 얘기했는데 당시에 나도 '남자 혼자 있는 사무실에 들어왔다가 그냥 나가버리면 어떡하지?' 내 생각을 전하였다.

내가 사무실에 있는 동안 대표님과 이사님은 본사에서 면접을 진행하셨고, 심리상담학과 전공자로 논리적이고 분석적이며 때로는 주도적인 성향이 있는 사람으로 나와 열 살 차이인 직원을 채용하고 내가 있는 사무실로 데리고 오셨다.

간단한 인사를 나누고, 첫날은 전반적인 분위기를 느끼도록 업무를 부여하지 않았다. 다음 날부터 나와 함께 업무를 시작했는데 하나부터 열까지 나의 가르침은 시간이 지나 본인이 주도적으로 하게 되었는데 이 과정까지 오게 된 건 내가 해야 할 일을 잠시 미루고, 오로지 신입직원의 교육에 힘을 썼기 때문이었다.

출근 1시간 전 나의 할 일을 하고, 함께 근무하는 직원이 퇴근하면 밀려 있던 업무를 처리했는데, 그래도 부족한 일은 주말에 몰아서 했다. 그러다가 3월 중순, 조심하고 또 조심했던 코로나 확진 판정을 받았다. 다행히 오한, 발열, 근육통 등 증상은 발견되지 않았고, 입맛이 없을 뿐이었는데 평소에도 식탐이 없어 소식하는 편이라 일주일간 격리되어 재택근무를 병행했고 영양가 있는 음식을 섭취하지 못해 격리 해제 후 몸무게는 평소보다 더 줄어들었다.

다시 일상으로 돌아와 2인 체제로 업무를 진행했고, 1분기가 지나고 2분기가 지났을 무렵, 목표했던 성과를 달성해 여름휴가를 보낸 뒤 직원 1명을 더 채용했다.

자영업 운영경력이 있는 열정과 야망 그리고 진취적인 성향을 지닌 나보다 다섯 살 적은 여성으로 서비스업에 오랜 경력을 보유하고 있었다.

처음 함께 근무했던 직원에게 지금도 미안한 마음이 드는데 3명의 직원으로 구성되며 나와 단둘이 있을 때 보여주지 않았던 호탕하게 웃는 모습은 '내가 야박하게 굴지는 않았을까?' 하는 생각이 들었다.

그리고 지난해 친구의 요청으로 진행했던 취업특강은 올해도 2개의 학과(간호학과, 응급구조학과)의 제안으로 나는 흔쾌히 수락하고 일정에 맞추어 강의를 진행했다.

지난해보다 수준 높은 강의를 하고자 미리 학과의 특성을 파악하고 강의내용을 수정하며 실제 합격 사례와 불합격 사례를 비교했는데 본인의 브랜드에 맞게 작성해 볼 수 있도록 강조했다. 간혹, 화면에 보이는 자료를 촬영하는 모습도 볼 수 있었는데 개인적으로 뿌듯함을 느꼈고, 만족감을 드러난 강의였다고 생각했다.

당시에는 석사졸업이 아닌 학사 졸업으로 강사 단가가 책정되어 지급되어 받았는데 금액적인 것보다 취업강의를 계속할 수 있었다는 감사함이 더욱 컸다.

발상의 전환 그리고…

성인 학습자 대상으로 첫 학기 수업을 '어떻게 효과적으로 하는 게 바람직할까?' 고민은 계속되었다. 가끔은 이론적인 수업이 지루하셨는지 다른 행동을 하는 모습이 목격되기도 해 신경이 쓰였지만 못 본 채 넘어갔고, 기말고사를 치른 뒤 무사히 한 학기가 종료되었고, 교수님들과 식사하는 자리가 마련되어 참석하게 되었다.

"교수님, 수업 시간을 너무 철저하게 지키다 보니 학습자분들께서 점심시간에 식사하는 데 시간이 부족하다는 의견이 다수 나왔습니다. 그리고 이론적인 부분만을 강조하니 수업의 지루함이 묻어나와 어려움을 느낀다고 하셨어요. 아무래도 교수님께 직접 건의하기에는 불편하실 것 같아 제가 조사했던 내용을 조심스레 말씀드리며 이번 방학 동안 조금 더 개선할 필요가 있을 것 같네요."

감사했다. 무심코 넘어갈 수 있지만 누군가가 얘기를 하지 않으면 알 수 없는 내용을 말씀해 주셔서….

그리고 외부 사람인 나를 대해주셨던 존중과 배려심은 직장생활을 하며 느끼지 못했던 감정이 들게 되었고, 나에게 하셨던 말씀은 지금도 수업을 진행하며 성장에 본보기가 되고 있다.

그리고 내가 하던 학과 수업은 2학기 때 성인 학습자분들과 처음 만나 다음 해 1학기 때 수업이 끝나는 1년 과정으로 3학년 성인 학습자분들의 한 학기 수업이 처음이자 마지막임을 뒤늦게서야 알게 되었다.

교수님의 조언에 생각하고 또 생각했고 학습자료는 교재에 있는 내용을 등록해 온라인 수업에만 적용했고, 대면 수업만큼은 현장 위주의 내용으로 변경하고자 생각했다.

9월의 첫 번째 토요일, 봄에 피어 있던 벚꽃은 사라지고 노랗게 물든 단풍은 내 마음속 편안함을 가져다주었다.

지난 두 달간 틀에 박혀 있던 생각을 모두 버리고, 현장에서 실제 반영하는 내용으로 수업에 적용하기로 굳게 마음을 먹은 상태로 수업자료에 온 힘을 다했기에 자신감은 있었는데, 평소 10명 남짓한 강의와 다르게 30명 가까운 성인 학습자분들과의 소통과 집중력이 가능할까? 걱정되기도 했다.

심리학은 직업적성검사, 성격유형 검사, 행동유형 검사에 있는 질문을 읽고, 체크를 한 뒤 결과에 따라 나오는 본인의 모형에 중점을 두었고, 그 외 조직에서의 경력개발은 자기계발을 효과적으로 하는 다양한 방법을 제공했다.

그리고 상담학은 교류 분석 상담기법에서 나오는 자아 상태와 효과적인 의사소통방법 그리고 참여자 유형별 상담기법의 다양한 사례를 제공했다. 이렇게 하여 중간고사와 기말고사를 끝내고 내가 계획했던 학기의 수업은 무사히 마무리되어 성인 학습자분들의 성적처리를 한 뒤 익명으로 작성된 교수 평가를 확인했다.

- 직업상담사의 능력을 발휘하여 직업을 필요한 다양한 사람들에게 도움을 줄 수 있다는 것과 홀랜드 인성 이론의 다양한 특성을 알 수 있었다.
- 뭐 하나라도 더 알려주시고자 하는 배려심과 학생들을 대하는 마음이 완전 진심이라 내년에도 만났으면 좋겠습니다.
- 평소 알고 싶은 부분을 수업을 통해 많이 배워 유익한 수업이었습니다.
- 취업을 준비할 대상은 아니었는데 상담에 많은 도움이 되었습니다.
- 처음에는 좀 어색한 부분이 느껴졌지만 갈수록 열정을 느끼는 수업이었습니다.

민간기관 직업상담사의 삶, 고용노동학 학문을 배우는 대학원의 삶, 그리고 매주 토요일 성인 학습자 대상 사회복지상담학과 직업상담세미나 과정을 가르치는 겸임교수의 삶은 지금까지 내가 겪어보지 못한 가장 정신없는 1년이었다. 코로나로 외부활동이 제한되어 다양한 사람을 만날 수 없는 상황에서 한 단계 성장할 수 있는 한 해였고, 모든 업무의 성과를 달성할 수 있어 행복했다. 그런데 그 행복은 그리 오래가지 않았다. 민간기관 성과지표에서 내가 속해 있던 신규기관의 상위등급, 사업을 계속 운영해오던 기존기관은 최상위등급으로 차년도 사업은 기정사실로 안정적인 업무수행이 가능했고 자신도 있었다.

모든 직원들과 새로운 연봉 근로계약서를 체결하는 과정에서 직급과 연차가 있기에 난, 가장 마지막에 이사님과 대면하게 되었고, 동결된 임금이 명시된 근로계약서를 바라보았다. 사전에 이사님은 희망연봉을 적어서 제출하라고 하셔서 욕심을 내기보다 회사 상황을 생각해서 소폭 인상된 급여를 적어 제출했지만 반영되지는 않았고 "이사님, 근로계약서에 서명하기가 어렵겠습니다. 그만두도록 하겠습니다."라고 말씀드렸다.

조금은 놀라시는 표정을 지으시며 "오늘 퇴근 후 술 한잔할까?" 말씀에 거절하며 집으로 돌아왔다. 다음 날, 대표님께서 사무실에 방문해 나와 면담을 진행했고, 어두운 표정과 심신이 지쳐 보이셨는지 나에게 "한 달 푹 쉬고 업무 복귀하는 게 어때?"라고 말씀하셨지만 정작 내가 듣고 싶었던 말이 아니었다.

연초, 상위등급 성과목표에 나를 비롯한 동료들은 최선의 노력으로 목표달성에도 불구하고, 보상적 임금을 받지 못한 부분에서 실무를 담당하는 나로서는 함께 근무하는 동료들의 요청사항을 들어주지 못한 책임을 져야 한다는 생각이 컸다. 내 생각은 변함 없었고, 사직서를 제출 후 인수인계를 마치고 2년간의 추억이 깃든 공간을 뒤로하고 새로운 시작을 위한 출발선 앞에 다시 서 있었다.

두 번째 도전

'세상엔 만만한 일이 없구나!'

2020년 1월 제대군인지원센터 직업상담사 기간제 근로자 서류전형에 탈락 후, 3년이 지난 현재 나의 모습에는 몇 가지의 변화가 있었다.

2020년 9월 행정대학원을 진학해 고용노동학 석사과정을 밟고 있었고, 2년 차 성인 학습자 대상 사회복지상담학과 겸임교수로 학과 수업을 하며 직업상담사 경력을 계속 이어가고 있었다.

과거 서류전형 탈락 때와는 다른 상황에서 이번 채용공고는 '1년의 기간의 정함이 있는 기간제 근로자' 모집이었으나 2년을 초과하지 않는 범위에서 근로계약 연장이 가능했고, 기본금과 정액 급식비, 자격증 수당, 명절휴가비, 초과근무수당, 연차수당, 복리후생비 등 지급은 최근 퇴사한 민간기관에서 받은 급여와 큰 차이가 없어 지원을 결심했다.

　이력서와 자기소개서 양식은 예전과 같아서 행정대학원 고용노동학과 석사과정과 성인 학습자 대상 사회복지상담학과 겸임교수 그리고 민간기관 경력사항을 덧붙여 작성했다.

　자기소개서 게시된 경력사항을 구체적으로 작성하며 제대군인 대상으로 전직 지원프로그램을 운영하고, 채용시장의 변화로 직업훈련을 단기, 중기, 장기계획을 세우며 실현하는 상담사의 역할을 강조했다. 그리고 2022년 4분기 부산지역 산업별 직종은 서비스업과 음식업, 숙박업이 주된 업종으로 분류되고 부산과 양산, 김해지역은 1시간 출퇴근이 가능한 인프라가 구성되어 있어 진입 경로도 수월할 수가 있다는 내용을 추가로 작성했다. 군경력 간부 출신과 5~10년 이내의 제대군인 대상 상담업무 경력은 조기 전역으로 재취업의 어려움과 경제적 취약성을 발견하며 채용박람회 정보를 제공하고, 현실적인 취업지원서비스를 제공한다는 포부를 작성했다.

　예전과 다르게 이번에는 우편접수도 가능해 서류제출을 마감기한이 아닌 첫날에 도착할 수 있게 등기로 발송한 뒤 2번의 응시번호를 문자 메시지로 부여받았다.

　2023년 국가보훈처 기간제 근로자(직업상담사) 채용전형 응시자의 서류전형 결과를 알려드립니다.

1. 응시번호 2번 박성우

2. 서류전형(1차) 결과 '합격'

3. 면접 일시: 2023. 1. 27.(금) 14:00

4. 면접 장소: 부산지방보훈청 3층

5. 지참물: 신분증

6. 서류전형 결과는 국가보훈처 홈페이지 인사혁신처 나라 일터 추가 기재

나라 일터 홈페이지에 등록된 서류합격자는 총 5명으로 응시번호만 놓고 보면 내가 첫 번째로 면접장에 들어갈 수도 있다고 생각해 후회 없이 답변하고 나올 수 있게 사전 준비를 철저히 했다.

자기소개는 면접에서 가장 중요하기에 작성한 자기소개서를 함축하여 직업상담사의 수행업무와 대학원 진학 계기 그리고 성인 학습자 대상 겸임교수 경력을 유지하는 현재 나의 상황과 전직 지원서비스 중요성을 말하고자 했다.

그리고 상담업무의 필수 질문인 민원업무처리는 무조건 친절하게 응대하는 것은 올바른 민원응대 처리 방안이라 생각하지 않으며 민원인의 말을 경청하고, 정적인 표현이나 논쟁은 삼가며 처리할 수 없는 부분은 상급자에게 요청한 뒤 당일 발생한 상황에 보고서를 작성하고 매뉴얼을 상기시키는 방법도 필요하다는 내용을 말하고자 했다.

이렇게 3년 만의 면접은 경력자로서의 부담과 긴장감을 안고

30분 전 면접장에 도착했고, 나를 포함한 총 5명의 면접 예정자는 대기실에 모여 앉아 있었다. 마스크 착용이 원칙이라 자세한 얼굴을 볼 수는 없었지만 대략 비슷한 연령대로 느껴졌다. 잠시 후 현장 진행자께서 "응시번호 순서로 1명씩 들어가면 3명의 면접관이 자리에 앉아 계시고, 중앙에 의자가 있으니 가볍게 인사 후 앉으시면 됩니다."라고 말씀하셨다.

말끔한 짙은 남색 정장과 안경을 착용했고, 볼륨 있는 헤어스타일링은 따뜻하고 감수성 있는 이미지를 보이려 했고, 저음의 차분한 목소리는 메라비언의 법칙에서 강조하는 시각과 청각의 이미지를 높이고자 했다.

"박성우 님, 첫 면접자로 긴장은 잠시 내려놓으시고, 편안하게 면접을 진행하도록 하겠습니다. 먼저, 간단하게 지금까지 수행해 온 업무와 우리 기관에 지원한 이유를 말씀해 주시기 바랍니다."

"경력사항을 보니 오랫동안 직업상담사 업무를 수행하면서 현재 대학교에서도 강의를 진행하고 계시는데, 이렇게 다양한 분야에서 업무를 하는 이유가 무엇인가요?"

"실무를 하면서 성과의 스트레스를 어떻게 극복하셨는지? 그리고 동료나 상사와의 갈등이 생겼을 때 어떤 노력을 하셨나요?"

"최근까지 종사한 민간기관에서 받은 급여와 우리 기관에서 지급되는 급여의 차이가 있는데, 어떤 마음가짐으로 지원을 하시게 되셨나요?"

기관의 색깔이 드러나듯 면접관께서는 서로 돌아가며 한 분씩

합리적이고 공정한 질문을 한다는 느낌을 받게 되었고, 나 역시도 직업의 전문성과 안정을 기반으로 한 가치관을 표하면서 시선을 번갈아 눈을 마주치며 답변하려 노력했다.

"만약, 박성우 님께서 퇴근하려고 자리에서 일어났는데 옆에 있는 동료의 업무가 끝나지 않아 도움을 요청한다면 어떻게 하시겠습니까?"

나를 유심히 지켜보던 한 분의 면접관은 내가 전혀 생각하지 못한 질문을 하셨고 난 "업무의 필요성이 있다면 도움을 드리도록 하겠다고…." 가장 일반적이고 모범적인 답변을 말씀드렸다.

"그럼, 박성우 님께서 오늘 가장 중요한 집안의 제사가 있습니다. 지금 사무실에서 야근할 수 없다면 어떻게 대처하시겠습니까?" 질문이 이어졌고 난 "업무 프로세스에 위배 되지 않는다면 자택에서 마무리 후 다음 날 오전에 관리자가 볼 수 있게 처리하도록 하겠습니다."라고 말씀드렸다.

"현재 토요일에도 겸업으로 업무를 수행하고 있는데, 우리 기관에 중요한 행사로 토요일에 반드시 출근해야 하는 상황이라면 어떤 선택 하시겠습니까?" 질문이 계속 이어졌고, 난 "상황에 따라 제 선택은 다를 것 같습니다. 현재 토요일에 하는 겸직업무는 오후 2시간 동안 진행되기에 오전에 회사 업무를 돕고, 수업하러 가도록 하겠다."라고 말씀드렸다.

직업상담사로서 직무수행에 필요한 능력 및 수행 태도 중 전문성, 문제해결 능력, 업무처리의 적시성과 기여도 그리고 책임감과 성실성을 알기 위한 질문들이 중점적이었으나 마지막에 받은 질문들은 면접자로서 불편한 기색을 드러내지 않으려 했으나 약간의 격양된 표정과 높은 목소리를 내비쳐 찜찜한 기분으로 20분간의 면접이 종료되고 밖으로 나왔다. 집으로 돌아와 조금 전 상황을 프레임으로 그려보며 채용전형 결과만을 기다렸다.

2023년 국가보훈처 기간제 근로자(직업상담사) 채용전형 응시자의 면접 전형 결과를 알려드립니다.

1. 응시번호 2번
2. 면접 결과 "예비합격 2번"
3. 면접 전형 결과는 국가보훈처 홈페이지 인사혁신처 나라일터 추가 게재
4. 최종합격자가 임용 결격사유 또는 등록 포기 등으로 선발예정 인원에 미달 되거나 채용계약 체결 후 3개월 이내에 최종합격자의 계약 포기의 경우 예비합격자로 대체할 수 있음.

'예비합격 2번이라?' 1번이었다면 내심 기대를 했지만 나에게 기회는 더는 오지 않을 것으로 생각했고, 아쉬움이 있었는데 면접 기회를 주신 것에 감사를 느끼며 두 번의 제대군인센터 직업상담사의 도전은 막을 내렸다.

석사 논문을 할 수 있을까?

2020년 9월, 행정대학원 고용노동학과 석사과정 입학 후 지각은 하더라도 수업은 절대 빠지지 않으려 노력했다. 절대평가 기준이지만 두 번의 장학금은 조금이나마 학비 부담을 덜 수 있었고, 4학기가 끝날 무렵에는 졸업시험을 치렀다. 그리고 나를 제외한 세 분의 동기분들은 직장에서의 업무강도와 가사업무로 시간이 부족했고, 지금은 석사 논문 필요성을 느끼지 못해 5학기를 다닌 뒤 수료로 결정하셨고, 나 혼자 석사 논문주제를 선정하고 연구해야 하기에 더욱 고민이 깊었다.

"네? 일본 연수를 가신다고요?"

대학원 입학 후 지도교수님은 코로나로 잠정중단 되었던 '안식년'의 일본 연수를 1년간 가족과 함께 가시게 되셨다. 교수님께서는 내가 아니더라도 다른 교수님과 석사 논문을 진행해도 어려움이 없을 거라고 하셨지만 한 번도 대화를 나누어 본 적 없었던 나로서는 어떤 결정을 내려야 될지 고민이 깊었다.

대학원의 석사과정은 기본적으로 4학기 동안 전공과목을 이수하고 졸업시험을 치른다. 그리고 5학기는 논문트랙으로 학비를 내고 논문을 제출해 심사위원의 승인을 받으면 '석사졸업'이고 논문이 아닌 보고서를 제출하면 '석사수료'로 학기가 종료되는 과정이다.

4학기가 끝나고 '학과 조교와 지도교수와의 면담을 미리 진행했더라면 졸업이 좀 더 짧아지지 않았을까?' 하는 생각이 들었는데 한 학기를 남겨놓은 상황에서 혼자 석사 논문을 작성해 보고자 휴학신청 후 승인처리가 이루어졌고, 업무를 병행하며 틈틈이 석사 논문작성에 심혈을 기울였다.

석사 논문은 주제 선정도 중요했는데, 무엇보다 본인이 하고자 하는 의지와 노력 그리고 학문에서 드러나는 개인의 견해를 의미하는 학풍이 중요했다. 그리고 내가 전공하는 고용노동학과는 노동의 전반적인 이론에 대한 학문을 배워 처음 계획했던 「한국형 실업 부조의 국민취업지원제도의 문제점과 개선방안에 관한 연구」의 주제는 적합하다고 생각했다.

또한, 석박사학위 논문을 찾아 검토하며 자료를 취합하는 과정에서도 사실적인 학술자료와 문헌자료를 수집했는데 어떤 이는 나에게 "석사 논문 중요하지 않아! 적어도 박사 논문이 중요하지." 말했지만 지금 아니면 두 번 다시는 할 수 없다는 생각에 전혀 흔들리지 않았다. 내가 정한 석사 논문주제는 국민취업지원제도가 시행된 지 3년이 채 되지 않은 시기라 아무리 석박사 논문을 찾아봐도 다섯 손가락에 꼽을 정도로 적었다.

그리고 10년 넘게 현장에서 업무를 수행하며 학술자료나 문헌자료 외에도 개인적인 견해를 작성하기에도 적절했다.

한 학기 휴학을 끝내고 복학과 동시에 일본 연수를 가신 학과 지도교수님이 아닌 경영학과 지도교수님을 선택하게 되었고, 평일에는 일반 학생들 대상으로 경영학 수업을 하고 저녁에는 대학원 수업을 병행하셨기에 이름만으로는 나를 기억하지는 못하셨다. 난 반드시 석사 논문을 제출하고 승인을 받아 졸업하는 것이 목표로 이번 5학기 논문트랙을 교수님께 지도편달을 받고자 한다는 첫인사를 메일로 드리며 현재까지 작성한 석사 논문을 첨부파일로 보내도 되는지 요청했다.

"박성우 선생님, 논문을 다 완성하셨다고요? 일단 논문주제, 연구방법 등을 간단히 제게 보내어 주시고요. 지금 진행한 내용 파일이 있으면 보내어 주세요. 논문 적는 과정은 인내의 과정입니다. 쉽지 않습니다. 일단 그렇다는 것을 인정해야 할 것입니다. 보고 판단해 보겠습니다."

메일 회신 후 교수님에게 논문을 보내드렸고, 다음 날 한 통의 메일을 다시 받게 되었다.

"박성우 선생님, 표절률이 너무 높네요. 이 상태론 논문으로 인정하지 않으니 꼼꼼히 자기 글을 적도록 해주세요. 논문제출 전에 표절률 검사를 필수적으로 해서 5% 이내로 낮추어야 논문심사 자격을 줄 것입니다."

조금은 의아했다. 내가 알고 있는 '석사 논문 표절률은 15%'이며 '박사 논문이 5%' 내외 표절률이 기준으로 알고 있었는데, 그리고 무엇보다 뵙고 조언을 듣고 싶었으나 학교 방학으로 매일 연구실에 나오지 않기에 메일로 소통을 원하셨고 따를 수밖에 없어 답답함이 밀려왔다.

"박성우 선생님, 제가 아직 논문을 지도한 적이 없는데 지도교수란에 제 이름을 넣은 것은 너무 나간 것입니다. 아직은 어떻게 될지 모릅니다. 그러나 한 번 발표 기회를 드리겠습니다. 3월 11일 토요일 오전 저의 지도하에 있는 대학원생의 논문 모임을 진행하니 여기 오셔서 적은 논문을 발표해 주시기 바랍니다. 제가 이번 학기 본 논문을 심사할 것인지 말 것인지를 결정하는 중요한 자리이니 꼭 참석해서 발표해 주시기 바랍니다. 발표는 20분 정도 분량이면 됩니다. 발표 후 질의응답 시간을 가질 것입니다."

당시에는 성인 학습자 대상 학과 수업이 정해져 있어 현재 매주 토요일 내가 하는 업무를 말씀드리면서 날짜나 시간 조정을 요청했으나 "시간 조정은 어려워요. 논문지도가 불가능할 것 같네요." 회신이 왔고 이 상황에서 '내가 할 수 있는 일은 무엇일까?' 생각했다.

한 가지 방법밖에 없었다. 일본 연수를 하고 계신 학과 교수님께 보이스톡으로 오랜만에 연락을 시도했고, 다행히 통화연결이 되어 내가 현재 처한 상황에 대해 간략하게 말씀드렸다.

내용을 전달하는 과정에서 다소 흥분되어 격앙된 어조로 표하기도 했는데 내 얘기를 들으신 교수님께서는 "해당 교수님과 얘기를 해보겠지만 필요하다면 휴학을 다시 신청하고 제가 돌아가는 2학기에 논문트랙을 하는 것도 또 하나의 방법"이라고 조언해 주셨다.

나도 더는 얼굴 붉히기 싫어 학과 사무실 조교에게 연락을 드린 뒤 휴학을 요청했고, 최종 결재자는 현재 지도교수이기에 내용확인 후 나에게 장문의 메일을 보내시며 비로소 지도교수님 연구실 방문으로 만날 수 있게 되었다.

'화를 다스리는 방법이 부족했던 것일까?', '모든 일이 내 생각대로 되어야 하는 것이 옳았다고 생각한 것인지?'

'똑! 똑!'

"네, 들어오세요."

교수님은 나에게 "예전에도 몇 분의 대학원생이 선생님처럼 직장생활 때문에 메일로 논문을 점검하고, 심사하는 과정에서 올바르게 진행되지 못해 난처한 상황이 발생한 적이 있어 이번에도 똑같은 상황이 일어날 것으로 생각했습니다." 입장을 전해 듣게 되었고, 서로가 가지고 있는 오해를 풀게 되었다.

그러면서 나에게 논문을 구성하고 점검하는 시간이 소요될 것을 예상해 다시 휴학을 권유하면서 한 학기 동안 대학원생 논문 연구 모임 참석과 개별지도를 하며 가을학기에 최종적으로 석사 논문 제안을 권유하셨다.

길이 꼭 정해져 있는 건 아니다

"제대로 해본 적 없는데 괜찮겠어?"
"평소에 강의 해보고 싶다고 했잖아?"
"또, 계약직인데 불안하지 않겠어?"
"취업상담은 할 만큼 했어. 다른 분야로 해보는 것도 괜찮을 거야. 1년 정도는 급여보다는 앞으로의 경력을 생각해 봐!"

30대 초반 민간기관 입사 후 고용노동부 사업을 위탁받아 상담사와 총괄자 업무를 수행하며 성과달성에 따라 사업선정에 고용불안과 강도 높은 업무는 처음과 다르게 내 마음속에 들어 있던 열정은 사라지고, 무력감과 정신적인 피로도는 상당했다. 사직서를 제출해 대표님과 면담이 끝난 뒤 공식적인 퇴사절차는 이루어졌고, 두 달간 휴식을 취하면서 구직활동을 했는데 제대군인지원센터 기간제 근로자 직업상담사 면접 탈락 후 고민은 더 깊었다.

전환점이 필요했다. 그러던 어느 날 구직상담이 아닌 전문적인 교육사업을 할 수 있는 업무제안이 들어왔고 그것은 소상공인시장진흥공단에서 하는 희망리턴패키지 재취업교육 업무였다. 처음 제안이 왔을 때는 감사하지만 거절을 했는데 해보지 않아서가 아닌 오랫동안 업무적 교류가 있는 민간기관에서 소속된 직원으로 근무하기보다 새로운 곳에서의 도전하고자 하는 이유가 더 컸었다.

두 번의 거절 이후, 사무실로 한 번 들어오라는 대표님의 말씀에 오랜 시간 동안 대화를 나누었다. 그리고 집에 돌아와서도 일어날 수 있는 상황에 대해 고민했고, 주변 지인분들의 조언에 힘입어 심사숙고 끝에 제안을 받아들였다.

현장에서 간간이 사업장을 운영하고 계시는 영세자영업자 구직상담을 한 경험이 있었는데, 내 노력이 부족해서인지 자격증은 취득하고, 취업이 아닌 기존에 유지하고 있던 사업장을 계속하는 경우가 많아 취업 성공사례는 손꼽을 만큼 적었다. 그렇게 희망리턴패키지 재취업교육 업무는 40대가 된 나에게 새로운 출발선 앞에 서 있었다.

"지금까지 해오셨던 경력은 인정합니다. 하지만, 전문적인 강의를 해본 적이 없고, 강사 등급에 따라 단가가 책정되기에 마지막 사업장에서 받았던 임금으로 시작하되 사업이 끝난 뒤 성과급은 별도로 지급하도록 하죠."

인정했다. 10분 이내의 짧은 설명회 또는 1시간 정도의 취업 특강 횟수는 많았으나 현장에서 전문적인 강의를 하고 계시는 분들과 수준의 차이는 있었고, 주제별로 교재를 만들고 기획을 전혀 해보지 않아 올 한 해는 배우는 자세로 하겠다는 생각을 하고 있어서 '기간이 정해져 있는 근로계약'으로 희망리턴패키지 교육 강사의 첫발을 내딛게 되었다.

"박 과장, 가장 잘할 수 있는 강의는 뭐야?"

교육시간 내 강의계획서를 작성하고, 교재를 만들면서 10개의 강의자료가 필요했는데 대표님께서는 나에게 가장 잘할 수 있는 강의주제를 물어보셨다.

"직업심리검사나 입사지원서 작성법 그리고 직업정보와 관련된 강의는 쉽고 재미있게 할 수 있을 것 같습니다."

내담자에게 개별상담을 하며 필수적으로 직업 선호도검사 해석과 입사지원서 컨설팅 그리고 직업정보제공은 셀 수 없을 만큼 진행해서 자신이 있었다. 그러나 개별상담과는 다른 유형의 교육생 대상으로 2시간의 강의자료는 하루아침에 만들 수가 없었고, 청년층보다 중·장년층 참여도가 훨씬 높았기에 교육의 질과 만족도를 알 수 없었다.

"과장님, 교육에 참여하는 대상자는 폐업자 또는 예정자로 현장에서 오랫동안 한 업종에만 종사하셨기에 반나절 이상 책상에 앉아 교육을 듣는 것 자체가 지루함과 따분함을 가질 수 있어요. 수업이 아닌 실습 위주의 재미가 들어가 있는 교육 진행이 필요해요. 한번 고민해 보세요."

'실습 위주의 재미? 레크리에이션 강사를 말하는 건가?'

'생각하자. 강의를 교육생분들이 쉽게 다가갈 수 있게 바꿔보자.'

홀랜드 흥미유형 강의자료는 질문지를 읽고, 본인이 해당하는 사항을 체크한 뒤 상황에 따라 일어나는 다른 모습들을 비교하는 내용으로 구성했다. 그리고 이력서와 자기소개서는 취업 역량 강화 요소인 '문제해결 능력', '대인관계 능력', '의사소통 능력', '정보화 능력', '자기계발 능력' 다섯 가지 주제로 희망하는 직무에 따른 구체적으로 작성하는 방법이 무엇인지 구성했다. 마지막으로 직업정보는 '국민취업지원제도', '내일배움카드제도', '청년 도전 지원사업', '중장년 새출발 카운슬링'은 교육생분께서 재취업 교육수료 후 거주지 주변에 있는 공공기관 또는 직업훈련을 참여할 수 있는 프로그램으로 구성했다.

참여 대상자는 사전에 온라인 교육 5시간을 수료한 뒤 집체교육 참여가 가능했고, 컴퓨터 사용이 어려운 대상자는 기관에 방문하거나 함께 거주하고 있는 자녀의 도움으로 동영상을 시청했다. 3월 중순 첫 교육을 시작하면서 나는 본격적인 교육 강사와 진행자 그리고 상담사로서 교육생에게 제공할 서비스 내용에 대한 준비를 마쳤다.

'어떤 업종에서 사업을 운영하셨나요?'

'폐업 사유는 무엇인가요?'

'창업하기 전 경력(경험)은 어떻게 되나요?'
'현재 보유하고 있는 자격증은 무엇인가요?'
'현재 다른 프로그램을 참여하고 계신 게 있나요?'
'현재 희망하는 직종이나 급여조건은 어떻게 될까요?'

교육생과 개별상담 할 때 효과적인 취업지원서비스를 제공하기 위해 물어보는 사전질문지로 단답형으로 대답하는 경우에는 추가적인 질문을 하며 상세하게 메모를 하려 했다. 나이와 성별이 다르고 나도 겪어보지 못했던 다양한 업종에서의 사업운영으로 때로는 가구 구성원과 철거비 지원, 채무를 확인하며 부담이 되지 않게 조심스럽게 접근했다.

1일 차 교육은 조금은 서먹서먹한 분위기에서 시작되었고, 대표님께서는 본 교육에 대한 전체일정과 교육수료 후 제공되는 취업지원서비스에 대한 설명으로 이어졌는데 중·장년층이 많아 꼼꼼하면서도 내용을 여러 번 설명하며 이해도를 높이려 하셨다. 가장 중요한 건 단시간이라도 근로자로서 사업장에 취업 후 전직장려수당을 전액 지원받을 수 있는 구직활동을 스스로 혼자 하기보다는 현장에서 구직상담을 하는 직업상담사의 도움 받아 취업하는 방향성을 강조하셨다.

오전 교육이 끝나고 점심시간이 되어 사전에 주문한 도시락을 교육생분들에게 제공하며 다과와 음료도 다양하게 비치하여 부담 없이 드실 수 있게 하면서 오로지 교육에만 집중할 수 있는 환경을 마련하고자 했다.

　오후 교육은 자영업자의 취업 성공사례를 기반으로 한 내용으로 실패가 아닌 새로운 도약의 의미로 자신감을 도축하는 시간을 가졌고 마지막 교육은 대인관계 커뮤니케이션으로 본인의 의사소통 유형을 다섯 가지로 분류하고, 효과적인 대화 방법을 알아가는 시간을 가지며 1일 차 교육은 종료되었다.

　2일 차 교육은 전날보다 교육생의 표정은 편안했고, 교육 강사로서 직업흥미유형 검사와 직업정보 강의가 예정되어 있었다. 나는 사전에 대표님과 교육실장님께 받았던 피드백을 참고하며 수정한 강의내용에 자신감이 있었지만, 한편으로는 떨림과 불안감이 함께 공존했다.

　"반갑습니다. 현재 선생님들께서 참여하고 계신 교육은 취업과 관련된 다양한 내용으로 교육을 받고 계십니다. 오늘 두 번째 시간은 직업흥미유형을 알아보고, 적합직업은 어떤 것들이 있는지 그리고 다른 분들과의 의견을 나누는 시간을 가지도록 하겠습니다." 준비한 말의 내용으로 교육 시작을 알렸고, 교재에 있는 '성격', '흥미', '가치관', '적성과 유능감', '선호하는 직업'에 해당하는 사항에 체크를 한 뒤 가장 점수가 높은 유형과 낮은 유형의 육각형 모양으로 그래프를 그렸다. 대부분 처음 접하는 내용이라 흥미롭게 교육에 참여하시면서도 때로는 구체적인 진단을 요청하기도 해 부족한 부분은 개별상담으로 대체했다.

　나 역시도 지금까지 개별상담을 하며 해석했을 뿐, 전문적인 강의는 처음이라 정해진 교육시간보다 20여 분 시간이 남아 말의 전달력이나 속도의 문제점이 발견되었고, 남은 시간을 채우러 교육내용과 연관성 없는 내용을 말하며 첫 교육을 마무리했다.

점심을 먹은 뒤 오후 시간에 진행된 직업정보와 구직전략은 내가 가장 잘할 수 있는 강의로 지금까지 현장에서 구직상담을 하며 수집한 정보가 매우 다양했고, 업무를 병행하면서도 TV나 인터넷 매체, 타 부처 홈페이지, 블로그 검색을 하며 얻은 정보를 제공했다. 그리고 근로계약서 작성에 관한 내용은 대학원 수업하며 얻은 정보를 제공했는데 배운 내용이 방대해 2시간의 교육시간이 부족할 정도였다.

교육생은 자영업을 운영 하기 전, 근로자로서의 업무 경력 또는 자영업만을 했기에 코로나 이후 변화된 채용시장의 정보수집이 부족했다. 그래서 현재 시행되고 있는 '국민취업지원제도', '내일배움카드', '여성새로일하기센터', '중장년내일센터'에 운영하는 프로그램을 안내하며 지역마다 있는 '폴리텍대학 중·장년 대상 직업훈련 정보제공'은 새로운 직업을 찾고자 하는 교육생에 만족감을 주었다. 그리고 자영업을 운영하며 단기 또는 정규직으로 직원을 채용한 경험과 본인이 기업에 채용되어 근로자로서 알아야 할 필수사항인 근로계약서의 '임금', '근로 시간', '휴식 시간', '연차', '퇴직금' 등의 정보를 추가로 제공하면서 2일 차 교육은 종료되었다.

3일 차 교육은 이미지메이킹과 면접으로 외부 강사를 초빙하여 강의를 진행하면서 나 역시도 새로운 인적 네트워크를 형성하게 되었다. 한국 마사회에서 오랫동안 사내교육 강사로 소속되어 있거나 교육업 대표자로 업무를 하고 계시는 세 분의 강사님은 관공서, 기업체, 대학교 등 다양한 곳에서 전문적인 강의하며 명성이 높은 분들이셨다. 성별이나 나이를 불문하고 나에게는 교육강사가 되기 위한 발자취를 간접적으로 느낄 수 있는 시간이었고, 감히, 내가 강사님의 평가하기에는 조심스러우나 매 순간 교육생분들의 성향을 빠르게 파악하여 웃음소리가 끊이지 않으면서도 교육생분들이 몰입할 수 있는 강의내용은 혼자 말하려고만 하는 나 자신이 스스로 깨닫고 배우게 되는 시간이었다. 그리고 교육장에 들어오는 순간부터 교육장을 나갈 때까지 자연스러운 미소는 하루 동안 무표정한 얼굴로 사무업무를 보고 교육할 때만 미소를 보여주는 내 모습이 바보처럼 느껴지기도 했고 아무나 할 수 있는 일이 아니라는 걸 다시 알게 된 계기가 되었다.

4일 차 교육은 마지막 시간으로 이력서와 자기소개서 작성법으로 최근까지 이력서를 작성한 분보다 한 번도 작성하지 않은 교육생이 많았다. "왜? 이력서와 자기소개서 작성이 어려울까요?"를 시작으로 도움이 될만한 영상자료와 직종별 자기소개서 예시를 제공하며 남은 시간은 스스로 작성해 보고 부족한 부분은 보완하고 자신에게 강점을 드러낼 수 있는 조언을 드리면서 만족도 설문지 작성을 끝으로 첫 교육을 무사히 마칠 수 있었다.

경기도 수원에서의 3박 4일

"네? 경기도 수원요? 음…. 알겠습니다."

'수원은 얼마나 걸리지? 검색해 보자.' 부산과 울산 그리고 경남 창원에서의 교육 일정은 바쁘게 흘러갔다. 난, 교육 강사 역할 외에도 상담사와 진행자의 역할을 병행하며 하나라도 실수를 하지 않으려고 노력했다.

본 교육이 시작되고 4월 중순 무렵, 실무자께서 나에게 경기도 수원에서 진행되는 집체교육을 맡아서 하고 내려올 수 있는지 물어보셨다. 일회성이 아닌 총 10번의 집체교육 진행자로서 외부 강사님의 일정을 확인하고, 교육생분에게 취업지원서비스를 제공하는 것보다 한 번도 가보지 않은 낯선 곳에서 4일을 지낸다는 게 불편할 뿐이었다.

사업을 수행하다 보면 충분히 벌어질 수 있는 일이기에 실무자께서는 예상치 못한 상황에 나에게 양해를 구하셨고, 당시에는 내가 아닌 다른 직원이 업무를 수행하기가 마땅치 않아 수원에서의 교육 진행자 역할도 도움이 될 거라는 생각에 흔쾌히 받아들였다.

　경기도 수원역에 정차하는 KTX 열차는 하루 4회로 오전과 오후 각각 2회씩 운행되었다. 오전 8시 20분, 부산역에서 출발하는 열차는 오전 11시경 수원역에 도착했고, 교육장은 수원시청과 그리 멀지 않은 곳으로 지하철로 이동해 2개의 정거장을 지나 도보로 15분을 걸어 도착했다. 그런데 교육 첫날이라 교육장 위치를 나도 교육생도 자세히 몰라 위치를 물어보는 전화가 연이어 걸러 왔는데 "선생님, 저도 초행길이라 정확한 위치를 말씀드리기가….", 현재 계신 곳의 위치를 확인한 뒤 밖으로 뛰쳐나가 직접 모셔 오기도 했고 그렇게 첫날 교육의 시작은 정신없이 흘러갔다. 한 달 뒤 두 번째 교육은 수원역에서 택시를 타고 조금이라도 빨리 교육장에 도착해 사전 준비를 하여 정시에 교육이 진행될 수 있었다.

　부산에서 교육을 담당했던 외부 강사님은 오랜 기간 과업과 직무교육을 참여하며 지역마다 다수의 강사님을 알고 계셨고, 수원 교육장에서 재취업교육을 진행할 수 있게 추천해 주셔서 나도 처음 뵐 수 있었는데 사전에 교육 일정을 최종점검 하는 과정에서 유선과 메시지로만 인사를 했을 뿐, 첫 만남은 긴장과 설렘이 서로 공존했다.

30대 후반에서 50대 초반의 역량이 높은 네 분의 강사님은 교육업 1인 대표이거나 대학교수로 재직하며 다양한 기관에서 과업을 수행하고 계셨다.
　교육장 내부에 들어가 강의를 청강하고 싶었으나 배려에 어긋나는 행동이라 생각해 상담실에 앉아 눈은 노트북 화면에 손은 키보드를 두드리면서도 귀는 마이크로 들려오는 강사님의 말의 내용, 억양, 제스처가 교육생분들의 몰입에 얼마나 중요한 요소인지를 알 수 있었다. 그리고 교육생분들과 개별상담하며 개인적으로 느낀 건 부산, 울산, 경남지역보다 교육수준이 높았고, 거주하고 있는 지역에 고용과 관련된 정책 제도와 인프라도 다양해 자발적으로 정보수집을 하며 적극적인 구직활동을 한다는 점이었다.
　4일간의 수원 교육을 마무리하고, 오후 4시 40분 부산으로 향하는 KTX 열차에 탑승하며 창밖에서 쬐어오는 햇볕은 나도 모르게 스르륵 눈이 감겨 잠시나마 평온함을 느끼는 하루였다.
　한 달이 지나 두 번째 수원 교육은 처음보다는 교육생에게 위치를 안내하고, 교육 중 질의응답에 어려움 없이 답변하며 외부 강사 일정을 꼼꼼하게 확인하면서 교육에 차질이 없도록 사전 준비를 철저히 했다.
　1일 차 교육이 무사히 끝나고, 지난 교육 때 사용했던 숙소를 예약한 뒤 저녁으로 먹었었던 김치찌개 전문점을 다시 방문했고, 돌아오는 길에 편의점에 들렀다. TV를 보며 먹을 간식과 다음 날

아침에 먹을 누룽지탕 제품을 구매하며 나만의 방식을 유지했다. 다행히 처음보다 익숙한 상황에 적응되어 잠을 설치지는 않고 깊이 잠이 들었다.

그리고 회사와 집이 가장 가까운 직원이 지각하는 과학적인 근거의 기사를 접한 적이 있었는데, 교육장 앞 엎어지면 코 닿을 거리에 숙소가 있어 평소보다 여유 있게 준비하다 보니 출근 시간보다 5분, 10분이 지난 후 사무실에 도착하기도 했는데 교육 진행과 강사님의 일정에는 문제가 없도록 했다.

절반의 집체교육이 끝나면 내 마음에도 숨 쉴 공간과 여유가 생긴다. 그 이유는 정상적으로 교육수료와 외부 강사 일정에도 변동이 없기에 숙소에 들어가기 전 주변을 배회하며 저녁 메뉴로 돈가스를 먹고 알라딘 중고서점에 들러 읽고 싶었던 도서를 구매하며 아웃렛 매장에 들러 쇼핑을 하기도 했다.

또한, 교육장 주변은 관공서와 대형마트 그리고 다양한 문화복합시설이 입점해 있었는데 저녁이 되면 젊은 남녀의 데이트 장소 또는 직장인들의 술 한잔하는 번화가로 북적였고, 타투를 한 건장한 젊은 남성들이 많이 목격되어 빠른 걸음으로 숙소로 돌아오기도 했다.

"고객님, 어디 몸이 불편하거나 아픈 곳이 있나요? 매일 누룽지만 구매하시네요?"

평소처럼 숙소 앞 편의점에 들러 제품을 구매 후 결제하는 과정에서 사장님이 나에게 한 말씀은 하루도 빠짐없이 저녁 시간에 누룽지탕과 김치를 구매하니 정말 궁금하셨을 것이다.

"제가 한 달에 두 번 정도 업무 때문에 출장을 오게 되어 부득이하게 숙소에서 생활하는데, 아침 먹을 곳이 마땅치 않아 간단히 먹기 위해 구매를 했는데 그렇게 생각하셨네요. 하하하."

서로 멋쩍은 웃음을 지으며 오해를 풀기도 했고, 이렇게 수원 교육을 끝낸 뒤 다시 부산으로 향하는 KTX 열차에 탑승하며 한 주를 잘 마무리했다는 나에게 안도감에 자리에 앉자마자 그대로 잠이 들었다.

월화수목금금금

이틀 간격으로 교육을 시작하는 강도 높은 일정은 중반이 지나면서 나를 비롯한 직원분들의 피로도는 점점 쌓여가고 있었다. 평일에 공휴일이 있더라도 교육은 예정대로 진행되었고, 부산, 창원, 울산을 이동하면서 사무실 책상에 앉아 업무를 보는 횟수도 점점 줄어들었다.

그리고 수원 교육장에서 교육 진행은 오로지 내가 진행자 역할을 하게 되면서 자기계발을 할 수 있는 시간이 부족했고, 성인 학습자 대상 사회복지상담학과 겸임교수 2년 업무수행과 행정대학원 석사 논문 그리고 직업상담사 1급 자격취득과정을 병행하는데 '과연 내가 전부 다 할 수 있을까?' 고민이 더욱 깊었다.

초반보다는 취업교육 강의는 익숙해지기 시작했고, 틈틈이 내게 주어진 주제별 강의자료를 보완했는데 때로는 긍정과 부정의 시각이 존재했다. 한번은 자기소개서를 작성해야 하는 이유에 대해 말을 전달하면 한 교육생분께서는 '내 주변에는 이력서만 작성하고 제출해도 취업이 잘만 되던데….' 질문에 모든 시선은 나와 교육생에게 집중되기도 했다.

사실, 틀린 말은 아니었다. 오랫동안 자영업을 운영하며 직원을 고용하기 위해 아르바이트 홈페이지에 구인등록을 하고 구직자가 온라인으로 제출한 이력서를 검토 후 면접을 본 경험에서 나온 질문일 수도 있다고 생각했다. 난, "다른 지원자와 같은 조건이 아닌 경쟁력 있는 지원자가 되기 위한 개인의 노력이 필요하고, 최근 고용시장의 흐름은 모든 구직자는 직무기술서를 상세하게 작성하는 것"이 중요하다는 말을 전하기도 했다.

평일에 업무를 끝내면 토요일에는 성인 학습자 대상 사회복지상담학과 겸임교수의 역할을 계속했다. 희망리턴패키지 재취업 교육은 개인마다 참여목적이 다르고, 일회성 교육으로 만족도는 회차마다 조금씩 상이했는데 오로지 사회복지상담학과 1년 교과과정은 학기가 진행되면 될수록 성인 학습자분들과 수업 분위기가 무르익으며 내가 전임 또는 초빙교수보다 나이와 경력이 부족하더라도 사람으로서 존중해 주셨다.

그리고 학기마다 한두 번은 외부활동으로 수업을 대체하기도 했는데, 따뜻한 봄날에는 체육대회를 천고마비의 가을에는 야외활동을 하며 모두가 교감하고 즐길 수 있는 정기적인 행사를 진행하며 재학생과 교직원분들을 화합을 도모하였다.

그리고 매주 대면 수업을 진행하며 신중년 대상으로 '이력서와 자기소개서 작성방법', '커리어 설계 방향성', '인구구조변화와 대응방안', '국민 평생 직업능력개발법', '남녀고용평등과 일·가정 양립지원에 관한 법률', '기간제 및 단시간근로자 보호 등에 관한 법률' 등 현실감 있는 강의를 진행하고 학기를 마무리했다.

- 2030 세대들이 잘하는 교육을 나도 같이 배울 수 있어 감사드리며 영광이었습니다.
- 아주 신박하게 느껴졌고 한시도 졸 수 없는 재미있는 시간이었습니다.
- 직업상담사 자격증이 있으면 좋겠다는 생각이 많이 드는 수업이었습니다.
- 한 가지라도 빠지는 부분 없이 가르치려는 열정 있는 수업이 너무 좋았습니다.
- 꼼꼼하고도 도움이 될 수 있도록 해주셔서 감사합니다.
- 최선의 습관이신 교수님 강의 늘 그렇게 강건하시길 빌겠습니다.
- 즐겁게 수업을 진행해 주시고 질문할 때마다 성실하게 답해주시고 설명을 잘해주셔서 감사드립니다.

'아…. 이번 학기도 무사히 끝났구나.' 잘했어. 나와 함께 한 학기를 했던 성인 학습자 선생님들에게 진심으로 감사했다.

한번 해봐?

 고용시장 한파가 계속된 상황에서 취업에 필요한 자격증을 취득하고, 현장실무 능력을 인정받는 과정 평가형 국가기술 자격제도가 주목받기 시작했다. 학력이나 경력, 나이 제한 없이 교육 훈련과정을 이수하면 누구나 경쟁력 있는 자격증을 취득하는 국가직무능력표준(NCS) 기반으로 내·외부 평가를 거쳐 합격 기준을 충족하는 교육생에게 국가기술 자격을 부여하는 제도로 2015년부터 본격적으로 운영되기 시작했다.
 2021년도부터 직업상담사 1급 과정 평가형이 직업훈련기관 교육과정에 신설되면서 내일배움카드로 자비 부담을 하더라도 6개월 교육과정이 끝나면 직업상담사 1급 자격증을 취득할 수 있는 요건이 형성되었다. 그러면서 입직을 희망하는 구직자들은 나이와 학력 제한이 없는 직업상담사 2급 자격증보다 기간이 소요

되더라도 채용전형에 가점을 받을 수 있는 직업상담사 1급 자격증을 선호하였다.

일반적으로 직업상담사 1급 검정형의 자격요건은 직업상담사 2급 자격증을 소지하고 2년 실무경력이 있거나 3년 이상의 업무경력이 인정되는 경우에 시험을 응시할 수 있었는데, 업무 경력이 없는데도 불구하고, 직업상담사 1급 과정 평가형 자격제도는 현장에서 업무를 수행하고 있는 현직자에게는 이의제기가 되기도 했다.

그리고 1년에 한두 번 고용노동부 무기계약직 채용공고나 국민취업지원제도 민간기관 평가항목에서의 직업상담사 1급 소지자 가점부여는 경력 연수와 똑같이 적용되어 과중한 업무로 피로도가 극심한 상태에서도 개인적으로 시험을 응시하는 사례가 심심치 않게 보게 되었다.

긴 시간 동안 과정 평가형 제도를 거쳐 직업상담사 1급 자격증 노력의 결과물을 비하하는 건 아니지만 상담경력이 없더라도 우대사항 적용은 사실이었다.

2010년 직업상담사 2급 자격시험 도전했을 때 실기합격률은 20% 초반으로 1년에 3번의 정기시험을 응시할 수 있어 마음의 여유가 있었던 반면 직업상담사 1급 검정형은 1년에 한 번의 시험으로 합격 여부가 결정되어 동차 합격이 중요했다.

먼저, 필기시험과 실기시험 합격률은 한 해를 제외하고 60% 후반대로 8월에 필기시험을 응시하고. 10월 하순에서 11월 초에 실기시험이 진행되는 일정을 확인했다. 현재 수행하고 있는 업무를 병행하며 부산과 울산 그리고 창원과 경기도 수원을 이동하며 대학원 석사 논문을 준비하고 있는 상황에서 직업상담사 1급 시험 준비는 오히려 '하고 있던 업무에 지장이 생기지는 않을까?' 생각에 걱정되기도 했는데 계획 수립만 잘한다면 불가능한 일도 아니라고 생각했다.

그리고 2025년도부터 과목이 개편되면서 필기시험은 '직업심리 및 전직 지원', '심층직업상담 및 슈퍼비전', '직업정보가공', '노동시장분석', '고용노동관계법규(Ⅱ)'이며 실기시험은 '직업상담 및 전직 지원 실무'로 단어만 봐도 머리가 지끈거리고 손목에 밴드를 테이핑 해야 할 만큼 많은 서술내용 작성과 학습시간이 필요해 보였다.

직업상담사 2급 교육과정을 진행하는 훈련기관은 선택의 폭이 다양했는데 직업상담사 1급 교육과정을 진행하는 훈련기관은 두세 곳으로 수업을 시작하는 일정이나 자비 부담금에도 차이가 별로 없어 개설된 훈련기관 홈페이지와 훈련 강사 프로필 그리고 만족도를 검토하며 내가 학습하기에 가장 익숙한 지역인 서면 중심가에 있는 훈련기관을 선택하고, 온라인으로 과정 신청을 했다.

다음 날, 훈련기관 담당자로부터 확인과정을 거쳤고, 소수 인원으로 진행되기에 자비 부담금 결제와 중도탈락 하지 않도록 예정된 일정에 교육이 진행된다는 내용을 최종 전달받았다.

"대표님, 저 오늘부터 직업상담사 1급 취득하기 위해 퇴근 후 훈련기관에 갑니다."

"그래? 열심히 해봐!"

그리고 실무진에게도 말을 전했는데 사실, 얘기하지 않고 조용히 다닐 수도 있지만, 외부일정이 훈련기관 수업 일정과 겹쳐 문제가 되지 않으려 직간접적으로 표하였다.

2023년 6월 하순의 초저녁은 아직 어둠이 깔리지 않았고, 저녁 7시 첫 수업 날, '아는 사람을 만나면 어떡하지?', '반갑게 인사할까?' 생각하면서도 '조금 전 회사 업무를 끝낸 뒤 지친 몸을 이끌고 3시간 동안 수업에 집중할 수 있을까?' 여러 가지 생각이 공존했다.

회사와 훈련기관의 거리가 가까워 수업 전 저녁을 먹을 수 있는 시간이 가능해 평소 잘 가지 않았던 정우 배우님이 출연한 영화 「바람」의 한 장면이었던 서면시장에서 칼국수, 돼지국밥, 분식을 원 없이 먹고 수업에 참여했다.

총 9명의 수강생 중에 남성 수강생은 나 말고는 보이지 않았고, 현직에서 업무를 종사하고 계셨던지 연령대가 대부분 40~50대로 서로 눈인사도 하지 않은 채 자기 자리에 앉아 적막한 분위기가 연출되었다.

"반갑습니다." 입구에서부터 들려오는 훈련 강사님의 목소리는 실로폰의 솔 음계로 우리에게는 암묵적인 수업 시작을 알리는 종소리였다. 50분의 수업 시간과 10분의 휴식 시간을 정확하게 지키면서 수업 중간에 집중력이 흐트러져 있을 무렵에는 직업상담사 입직 후 현재까지 걸어온 과정과 구직자와의 에피소드 그리고 배우자와 2명의 미취학 자녀와의 일상생활의 소소한 얘기를 들려주시며 지루하지 않게 해주셨다.

수업은 속도전이었다. 수험자가 가장 많이 구매한 직업상담사 1급 필기 교재로 최근 10개년 기출문제를 직접 풀어보며 오답에 대한 해석을 진행하는 과정과 더불어 개인 학습이 더 중요했다. 그래서 훈련기관을 출석하는 이틀을 제외하고 주말에 시간을 쪼개어 스터디 카페를 방문해 부족한 부분을 공부했다.

1년에 한 번의 시험으로 당락이 좌우되니 학습량을 늘릴수록 부담감은 높았고, 효과적으로 공부하기 위한 다양한 방법을 동원하며 나만의 학습방법을 발견했다.

먼저, 과목별 기출문제 중에 주제어가 같은 문제를 분류하고, 또 그 문제 중에 출제 비중이 높은 문제를 다시 추렸다. 그리고 포스트잇에 키워드를 적어 매 회차 출제 비중이 높은 문제부터 일회성 출제 문제까지 분류할 수 있었고 그러면서 눈과 머리에 정리된 내용은 두 번 이상 보지 않고 공부시간을 조금씩 줄일 수 있었다.

이렇게 시간을 줄이면서 공부를 할 수밖에 없었던 이유는 수원 교육장 업무수행으로 출장이 잦아 총 20일 수업일수 중에 80% 이상 출석률을 맞추기가 어려웠고, 결석으로 참석하지 못한 진도를 스스로 정리해야 했다.

그리고 1년에 한 번의 교육이 진행되니 나 하나로 인하여 수료

율이 100%가 되지 못하면 훈련기관은 차년도 교육 선정에 영향이 발생할 수도 있었다. 불행 중 다행으로 두 번째 코로나 감염으로 병원진단서를 제출해 결석이 아닌 병가로 처리되어 가까스로 80% 출석률로 필기 수업을 마칠 수 있었다.

필기접수는 내가 원하는 일정과 시간에 어려움 없이 신청할 수 있었고, 시험 응시 2시간 전 도착해 대기실에 앉아 기출문제를 다시 훑어보며 마음을 가다듬었고, 시험 시작을 알리는 감독관의 안내에 따라 시험장에 들어가 정해진 자리에 앉았다.

CBT 시험은 기존 지필 시험과 다르게 필기도구가 필요 없어 부담감은 없었는데 CBT 시험이 익숙하지 않아 하루 전 사전 점검을 했는데도 불구하고, 막상 시험이 시작되니 모르는 긴장감이 밀려와 이내 호흡을 가다듬고 차근차근 문제를 풀어나갔다.

"시험 응시할 때 가장 쉬운 과목부터 시작하는 것도 고득점을 얻는 요령이기도 합니다. 직업상담학은 어려울 수도 있으니 직업정보론 문제를 먼저 지정하여 풀어나가는 방법도 생각해 보시기 바랍니다.", "그리고 최종제출 후 결과를 알 수 있으니 합격하셨다고 소리를 지르시는 건 주변의 수험생에게 방해가 될 수 있으니 조용히 자리에서 일어나 밖으로 나가시면 됩니다."

강사님께서는 수업 마지막 날, 우리에게 하나의 팁을 알려주셨고, 난, 강사님 말씀대로 직업정보론 61번 문제를 지정하여 차근차근 풀어나갔다.

그리고 CBT 시험은 현장에서 합격과 불합격의 결과를 알 수 있기에 준비한 수험표에 1번부터 100번까지의 문제답안을 기록하고, 정답이 확실하다고 생각한 문제번호는 동그라미로 애매한 문제는 세모 그리고 정답을 알 수 없는 문제는 엑스 자로 표시하며 과목마다 정답 개수를 확인했다.

1시간 남짓한 시간이 흐르고, 모든 문제를 풀어보며 최소 12개 이상 정답을 확인한 뒤 최종제출 버튼을 눌렀고 '한 번 더 최종제출을 하시겠습니까?' 문구를 보고 심장이 요동치기 시작했는데 '하나', '둘', '셋', 3초의 시간이 흐른 뒤 '합격'의 파란색 글자가 보였다. 함성을 지르거나 어떠한 행동을 취할 수가 없는 고요한 시험장에서 '77점'이라는 점수를 확인하고 시험장을 나왔다.

아직 실기시험이라는 넘어야 할 큰 산보다 필기시험 합격은 광안대교 또는 부산항대교를 타고 잠시나마 시험의 해방감을 느끼고 싶었으나 마음을 추스르고 오마이걸의 「Dun Dun Dance」 음악을 들으며 집으로 돌아왔다.

> 강사님, 업무에 노고가 많으십니다. 9월 3일(일) 12시 40분 한국산업인력공단에서 실시된 직업상담사 1급 필기시험은 77점으로 '합격'하였습니다.
> 직업정보론, 노동관계법규는 조언대로 최근에 출제된 기출문제를 확인했고 심리학과 상담학은 골고루 분포되어 출제되었습니다.
> 개인적으로는 노동시장론 과목이 어렵게 출제된 느낌이었고,

아직 시험을 응시하지 못한 수강생에게 조금이나마 도움을 드리고자 말씀드립니다. 실기과정도 본 훈련기관에 접수 예정이지만 회사 업무로 인해 출장 횟수가 많아 수업일수 수료는 어려움이 예상됩니다. 학습자료를 받아 열심히 할 계획이며 두 달간의 가르침에 진심으로 감사드립니다.

다음 날, 강사님께 감사의 메일을 보내드렸고, 축하 인사와 실기 수업 전까지 건강 잘 챙기시라는 메일을 회신받았다.

필기 합격자는 실기시험 전 응시자격 서류를 제출하게 되는데 이는 경력인정을 받기 위한 과정으로 사업장에 근무한 경력증명서를 온라인 또는 직접 방문하여 제출하고, 공단 담당자 승인 후 실기시험 응시를 할 수 있었다. 특히, 경력증명서에는 담당업무 내용 기재가 중요했는데 '직업상담 또는 취업 알선 업무' 등 직급이나 직책이 아닌 업무 내용이 가장 중요해 반드시 원본으로 제출하는 것이 원칙이었다.

현재 직장이 아닌 7년간 다녔던 직장에 연락하여 경력증명서를 받은 뒤 온라인으로 제출도 가능했으나 미인정 또는 번거로움을 방지하고자 반차를 사용하고, 한국산업인력공단에 방문해 서류를 제출한 뒤 담당자의 처리가 완료되었다는 답변을 받고 집으로 돌아왔다.

끝이 보여

"담당자님, 제가 10일 수업일 수 중에 4번의 결석으로 정상적으로 수료는 어려울 것 같은데 내부적으로 의견을 나누신 뒤 말씀해 주실 수 있을까요?"

훈련기관 담당자는 사전에 필기 합격자 대상으로 실기과정 등록에 대한 전수조사를 진행하는 과정에서 나는 사전에 수료가 어려울 것 같다는 내용을 전달했다. 잠시 후 "선생님, 유감스럽지만 내부적으로 논의결과 1명의 미수료자로 차년도 훈련선정에 어려움이 있으니 일반결제로 등록을 해주실 수 있을까요?" 나에게 요청하셨다.

훈련기관 입장을 고려해 실기과정은 일반결제로 등록했고, 출석에 부담은 없었지만 네 번의 결석으로 수업 진도를 따라가기에 어려움이 있을 것으로 생각해 사전에 강사님께 양해를 구하고 수업자료를 받기도 했다.

실기 수업 첫날, 수원에서 업무를 끝내고, 수업 시작 후 1시간 늦게 출석을 하게 되었다. 필기 수업을 함께했던 교육생 외에 8명의 교육생이 추가로 수업에 참여하게 되면서 필기 수업 때 앉았던 내 자리는 다른 교육생이 앉아 있어 맨 앞자리가 내 자리로 고정되었다. 사실, 필기 수업 진행하며 서로 대화하는 모습은 전혀 없었는데 쉬는 시간이 되니 서로 축하드린다는 인사로 안면을 트게 되었다.

"성우 쌤, 정말 오랜만에 뵈어요. 나 누군지 기억하죠?"
"네, 반갑습니다. 정말 오랜만이네요. 잘 지내시죠?"

직업상담사 자격증 취득 후 고용복지플러스센터 구인 상담원으로 근무하면서 나에게 다양하게 업무 조언을 해주셨던 상담사였고 이 자리에서 12년 만에 다시 만날 줄은 몰랐다.

"필기시험을 독학으로 공부하여 합격하셨군요. 축하드립니다. 그런데 제가 알기론 선생님께서는 무기계약직으로 근무하시는데 직업상담사 1급 시험을 준비하는 이유가 무엇인가요?"

"다른 이유는 없어요. 함께 근무하고 있는 선생님들께서 자기계발 목적으로 준비하는 모습을 보기도 했고, 또 사람 일이란 한 치 앞을 내다볼 수 없어 준비했었는데 운이 좋아서 여기까지 오게 됐네요."

직업을 바꾸지 않는 한 어디서든 만날 수 있는 구조라는 걸 다시 한번 느끼게 되면서 그동안의 근황을 서로 확인하며 짧은 대화를 나눴다.

실기 수업 전, 사전에 정보를 수집하며 대비했지만 방대한 이론의 내용이해와 암기가 중요했고, 동차 합격의 목표로 차년도 시험을 응시하지 않겠다는 굳은 다짐을 했다.

일반적으로 직업상담사 2급 실기시험은 총 18문제에 단답형 또는 장문의 내용을 서술하는 거라면 직업상담사 1급 필답형은 문제마다 한 장 분량의 답안을 작성해야 했다.

훈련 강사님께서는 실기시험 필답형은 교재의 이론적인 부분에 요점정리 중심으로, 작업형은 컴퓨터실에서 두 번의 모의고사를 실시하며 주어진 시간 동안 중요한 내용을 덧붙여 설명해 주셨다.

눈에 보이는 건 글자이고, 머릿속의 암기는 전혀 되지 않는 냉정한 현실에 시간이 지날수록 마음은 조급해져 갔는데 업무는 여전히 많았지만 집중하려 노력했고, 하루를 마감하기 전과 주말에는 온종일 스터디 카페에서 적고 또 적으며 실기시험에 박차를 가하였다. 그리하여 실기시험 접수 기간은 다가왔고 접수 하루 전 미리 사전등록으로 만반의 준비를 마쳤다.

"필기접수와 다르게 실기접수는 조금만 늦게 접수하더라도 부산이 아닌 울산, 경북 구미, 심지어 제주도에서 시험을 응시해야 하는 상황이 발생할 수 있으니 예정된 시간에 접수를 꼭 하시길 당부드립니다." 실기시험 접수를 앞두고 우리에게 해주신 마지막 당부의 말씀이 실제로 나에게 일어날 줄은 전혀 예상치 못했었다.

접수 당일에는 수원 교육 진행자로 교육 준비를 끝낸 뒤 오전 9시 59분부터 노트북 키보드의 새로 고침을 누르며 접수창이 열리기를 기다렸다.

드디어 접수 창이 열리고 지역을 검색하니 다행히 부산 북구 한국산업인력공단 지역이 등록 가능해 클릭한 뒤 결제화면으로 창이 넘어갔는데 여기서 실수한 건 카드결제로 이동 후 카드번호 입력하는 시간이 지연되어 최종 접수를 누르니 "정원 초과로 접수할 수 없습니다." 문구를 확인했다.

'세상에…. 나에게 이런 일이 일어나다니….' 급히 다른 지역을 검색했고, 가장 가까운 울산지역에 두 자리가 남아 있어 급하게 시험 접수를 완료했다.

강사님께서 말씀하셨던 얘기가 기억이 나 만약, '무통장 입금으로 결제를 했다면 부산에서 시험을 응시할 수 있지 않았을까?' 접수를 완료하고, 한참 뒤에 머릿속으로 생각났지만 이미 늦은 뒤였다. 거리상의 어려움이 있겠지만 그나마 울산지역에서 시험을 응시할 수 있다는 감사함을 느꼈다.

접수 이후에도 미련이 남았는지 매일 오전과 오후 시간마다 한 번씩 접속해 부산지역 자리가 남아 있는지를 확인했고, 반 포기 상태에서 접수 마감 1시간을 남겨놓을 때 마감이었던 부산지역 하나의 자리가 남아 있는 것을 보게 되었다. 그리고 내가 접수한 울산지역은 아직도 세 자리의 여유가 있어 재빨리 접수를 취소하고, 남아 있던 부산지역에 접수를 완료하면서 이동 거리의 부담감을 덜게 되었다.

　실기 수업 마지막 날, 강사님께서는 모두의 합격을 기원하며 몇 가지 주의사항을 알려주셨는데 첫째, 필답형과 작업형 순서는 상관없는데 필답형은 1시간 40분, 작업형은 1시간 20분 정도의 시간을 분배해야 하고, 본인은 필답형을 진행하는데 옆자리의 수험생이 작업형을 먼저 시작해 키보드 치는 소리로 답안을 작성하는 데 집중력이 떨어질 수 있으니 시험용 귀마개를 준비하라고 하셨다. 둘째, 작업형을 할 때 수시로 문서저장을 하여 컴퓨터 오류로 자료가 삭제되는 일이 발생하지 않도록 유의하라고 하셨다. 셋째, 시험지를 받은 뒤 감독관께서 10분 정도 유의사항을 설명하시는데 눈에 보이는 문제는 미리 머릿속에 답안을 정리하라고 하셨다. 마지막으로 필답형에서 시간이 지체될 경우 핵심적인 내용이라도 마무리한 뒤 재빨리 작업형을 시작해 시간이 초과 되어 제대로 문서작성을 완료하지 못하고 제출하는 불상사가 발생하지 않도록 말씀하셨다.

　이제 모든 수업은 종료되었고, 지금까지 함께했던 수강생분들은 나이와 이름도 모르는 상태에서 오로지 직업상담사 1급 자격 취득 목표로 함께했던 시간이 아쉬웠는지 간단한 얘기를 나누었다. 그리고 현재 소속된 기관에서 어떤 업무를 하고 있는지 묻기도 하며 그동안의 노력이 좋은 결실을 이루기 바란다는 말씀을 나누며 수업은 끝이 났다.

이제 남은 D-Day 일주일 전, 처음에는 절반도 작성하지 못했던 답안을 점점 채워나가게 되면서 어려운 문제들을 집중적으로 공략하며 필답형은 60점 기준에서 40점 이상의 득점을 올리는 계획과 하루 1시간은 노동 공급문제와 채용박람회 기획안 연습을 하며 작업형은 25점 이상 득점을 올려 총 65점의 목표를 세우면서 시험 하루 전까지 모의 연습을 진행했다.

시험 당일, 새벽 6시 알림이 울리기 전 눈이 떠졌고, 시원한 생수 한 잔으로 정신을 차린 뒤 따뜻한 물로 샤워를 하며 간편한 복장을 하고 이른 새벽 운전대를 잡아 시험장으로 출발했다.

11월의 새벽은 제법 날씨가 쌀쌀했고, 이동하는 차량이 적어 30분 남짓한 시간을 달려 1시간 전 시험장에 도착했다. 공복에 시험은 자칫 평소 생각나는 문제도 실수할 수 있어 편의점에 들어가 샌드위치와 바나나 우유를 먹으며 허기를 채웠고, 시험 대기실에 비치된 수험번호를 확인 후 비로소 안심이 들었다.

이른 시간인데도 몇 명의 응시자가 미리 도착해 대기실에 있었고, 시간이 지나면서 응시자 수는 늘어났는데 그 누구도 말을 하는 사람이 없어 시험장은 숨소리가 들리지 않을 정도로 조용했다.

핵심내용을 꺼내어 보는데 머릿속이 복잡해 다시 가방에 넣어 명상에 잠기며 시험 준비에 임하였고, 잠시 후 시험감독관께서 실기시험의 시작을 알리는 말씀에 시험장에 들어갔다.

처음엔 자리가 정해져 있지 않아 비어 있는 아무 자리에 앉아 있었다. 그리고 신분증을 확인한 뒤 무작위로 비치된 번호표를 부여받고, 해당 자리에 앉아 대기했는데 자리를 정하는 시간도 10분 이상이 소요되었다. 잠시 후 시험감독관의 전반적인 안내사항을 말씀해 주셨고 총 3시간의 직업상담사 1급 실기시험 시작 종소리가 울렸다.

차분한 마음으로 필답형 시험지의 상단에 있는 수험번호와 이름을 적으며 첫 번째 문제의 답안을 작성하려는데 내 왼쪽과 오른쪽에 계시던 응시생 두 분이 작업형 문제를 먼저 하면서 키보드 치는 소리가 평소보다 요란하게 들리기 시작했다.

'아, 나도 지금 작업형 문제부터 시작할까?'

'그러다가 시간이 부족해 필답형 답안을 작성하지 못하면 어떡해?'

'아니야, 계획대로 필답형부터 차근차근 풀어나가자.'

잠시 심호흡 후 마음을 가다듬고, 차근차근 필답형 문제를 읽으며 답안을 작성하기 시작했다. 평소 학습하고 암기했던 내용을 적기 시작하면서 처음 내 귓가에 요란하게 들리던 키보드 치는 소리는 들려오지 않을 만큼 집중력을 발휘했다.

총 10문제 중 절반 이상의 답안을 작성하고 정면에 비치된 시계의 시간을 확인하며 평소와 다르게 시간이 빠르게 흘러간다는 느낌을 받았다. 3문제 정도를 남겨놓고 1시간 남짓한 시간이 남았다는 사실에 맑은고딕체로 작성하고 있던 글씨체는 어느 정도 알아볼 정도의 글씨체로 바꾸며 빨리 필답형을 마무리하고 작업형 문제로 이어갔다.

사실, 작업형 시험 준비를 하며 노동 공급문제는 숫자가 다를 경우 온전한 점수를 받지 못할 수 있어 기출문제만 나오길 기대하며 채용박람회 기획안에 승부수를 두었다.

'어? 왜, 고용률을 구하는 문제가 없지? 이상하다.'

다시 눈을 비비고 확인하니 고용률을 구하는 문제가 아닌 '취업률', '실업률', '경제활동 참가율'을 구하는 문제로 결과 분석내용 작성에 평소보다 적은 분량으로 끝내고 채용박람회 기획안 작성에 집중했다.

채용박람회 기획안은 정답이 정해져 있지 않아 다양한 예시자료를 보며 평소 연습한 대로 진행했고, 3시간을 꽉 채운 채 시험지를 제출한 뒤 두 번째로 시험장을 나왔다.

결론적으로 말하자면 시험은 쉬웠으나 두 번은 도전하기 힘든 시험으로 현장에서 사용하는 상담기법이 아닌데 이렇게 강도 높은 수준의 문제를 응시자에게 요구하는지는 모르지만 40대 중반을 바라보는 나의 경력에 필요한 자격증으로 최종합격을 기원하며 집으로 돌아왔다.

평소 잠을 자면 꿈을 꾸지 않는데 시험 발표 일주일 전부터는 이상하고 다양한 꿈을 꾸기도 했고 업무를 하는 도중에도 집중이 되지 않아 시험결과에 신경이 곤두섰다. 그리고 대망의 합격자 발표일, 시계는 오전 9시를 가리켰고 휴대전화기의 알림 메시지만을 기다리고 있었지만 5분이 지나도록 울리는 메시지는 없었다.

'아, 불합격이구나. 그래도 점수는 확인해야겠어!'

직업상담사 1급 실기시험 합격을 축하드립니다. 국가기술 자격증은 상장형(무료)으로 직접 발급받으실 수 있습니다. 수첩형 자격증 발급(유료)을 희망하시는 분은 인터넷 신청을 통해 우편 배송으로 받으실 수 있습니다.

9시 6분 합격의 메시지를 확인하고, 지난 4개월간의 노력의 결실이 눈물이 흐를 만큼 뛸 듯이 기뻐 웃음이 나왔고, 홈페이지에 접속해 62점의 점수를 확인했다.

강사님, 업무에 노고가 많으십니다.
오늘 기다리고 기다렸던 직업상담사 1급 실기시험 발표일로 결론부터 말씀드리면 필답형 37점, 작업형 25점, 총 62점으로 턱걸이 합격하였습니다.
실기시험 응시 후 55~62점 정도로 예상하며 한 달을 기다렸고, 최근 일주일 동안 평소 꾸지 않던 꿈도 꾸며 잠도 제대로 자기 힘들어 체력이 좋지 않았는데 다행히 합격이라는 결과를 가져오게 되었습니다.
시험 당일, 미리 언급하셨던 제 옆에 앉으신 두 분이 작업형(기획안)부터 시작하여 키보드 소리에 첫 번째 리듬이 흔들렸고, 심사관이 알아볼 수 있게 글자체를 예쁘게 적으려다 시험 시간이 부족해 두 번째 리듬이 흔들렸습니다.
작업형에서 엑셀로 통계를 내려고 하는데 기출문제처럼 고용률은 구하라고 하지 않을까? 하는 생각 때문에 기획안 작성에 시간이 매우 부족하다는 걸 느꼈습니다.

두 번 다시 공부하지 않았으면 좋겠다는 생각에 한 달이라는 기다림이 생각보다 길면서도 초조했는데 '합격'이라는 결과를 얻게 되어 지난 4개월 동안 강사님과 함께 수업한 시간 들이 오래도록 기억에 남을 듯합니다.

제가 독학보다는 누군가의 가르침으로 학습해야 하는 성향이라 우수한 교육기관에서 강사님의 수업에 참여하게 되어 영광이었고 다시 한번 감사의 말씀을 전합니다.

합격 축하드립니다. 엄청난 압박 속에서도 멘탈 잘 유지하신 것도 대단한 일입니다. 이번에 합격이 많아서 너무 기쁘고 매일 감사드려요.

언제든 요청하실 일 있으시면 연락 주시고 늘 건강하시길 바랍니다.

멀고도 험한 길

    2023년 한 해를 마무리하는 과정에서 마지막 관문인 석사 논문은 회사 업무와 직업상담사 1급 시험 준비 그리고 성인 학습자 대상 겸임교수를 병행하며 내 신체에 들어 있는 배터리는 방전이 되기 일보 직전이었다.

    지난 학기 석사 논문연구모임과 개별지도를 하며 처음 내가 작성했던 논문은 저기 쓰레기통에 버려져 연구방식을 180도로 변경했다. 다양한 석사 논문과 학술자료를 검토하며 눈으로 보고 소리를 내서 읽으면 '나도 이 정도는 자연스럽게 쓸 수 있을 것 같은데…' 생각하면서도 막상 쓸려고 하면 문장 세 줄 이상 적는 게 이렇게 힘든 일인지 몰랐다.

    그리고 이제는 지도교수님 연구실에 찾아가는 건 일상생활이 되었고, 부산에서 창원까지 거리가 제법 멀었기에 한 달에 한 번

창원교육이 끝난 뒤 연구실에 찾아갔다.

"Focus Group Interview를 해보는 건 어떨까요?"

소수의 인원으로 구성된 그룹을 대상으로 인터뷰를 진행해 의견이나 태도를 파악하는 방법으로 교수님의 제안에 곰곰이 생각하기보다는 '흔쾌히 응답해 주실 분들이 누가 있을까?' 먼저 생각했고, 가능하겠다는 확신에 해보겠다고 말씀드렸다.

'누구에게 부탁할까?', '어떤 질문지로 구성을 해볼까?', '충분한 내용이 나올까?', '내가 지금까지 작성한 연구배경의 방향성이 다르면 어떡하지?' 걱정만 앞섰다. 그래도 오랫동안 만남을 이어온 천안, 부산, 김해, 울산, 양산에서 10년 이상 업무를 수행하고 있는 관계자분에게 연락을 드렸고, 석사 논문에 필요한 인터뷰 질문에 대한 답변을 가감 없이 작성을 요청했는데 바쁘신데도 불구하고 흔쾌히 해주겠다는 답변을 받았다.

- 직업상담사를 하게 된 계기
- 취업 성공패키지와 국민취업지원제도의 차이점
- 국민취업지원제도 참여자 상담의 문제점
- 국민취업지원제도 민간위탁 평가지표의 문제점
- 위탁비와 취업지원금 제도의 문제점
- 상담 소진 해결방안
- 경력개발을 위한 직무교육의 효과

- 현재 직무의 장래성
- 국민취업지원제도 도입 3년 차 개선사항

  석사학위 논문의 인준은 학교마다 차이가 있지만 대략 10월에 예비심사를 진행하고, 12월에 본 심사로 이루어지며 3~5명 내외의 심사위원으로 구성된다. 첫 예비심사를 진행할 때는 본 심사를 앞두기 전 논문의 수정사항을 말씀해 주시며 본 심사로 최종 결정을 하고 있다.

  늦은 새벽까지 수정에 또 수정하면서 정신적 한계에 도달하게 되면서도 회사 업무에 영향을 주는 게 싫어 잠은 충분히 자며 대중교통으로 출퇴근하는 2시간은 머릿속으로 구상하기에 부족한 시간은 아닌데 집에 돌아오면 지우개로 지운 것처럼 생각이 나지 않았다.

  전체 흐름을 수정하기보다 단어의 구사나 표현에 있어 지적을 받은 내용을 빠르게 수정하고자 했고 최종 논문심사는 예비심사를 했던 시간과 장소 그리고 심사위원이 변하지 않아 편안한 상태에서 무사히 마칠 수 있었다.

  아직 끝난 게 아니었다. 춥디추운 1월 초, 출근하고 있지 않아 최종제출 기한까지 시간적 여유가 있어 내가 거주하는 대학교 인근 제본소에 방문했고 총 10부의 제본을 요청하며 일주일 후 따끈따끈한 석사 논문 제본을 찾아와 행정대학원 학과 사무실에 방문해 7부를 제출하고, 남은 3부는 내 방에 두었다.

한 달 후 코로나로 한동안 열리지 못했던 졸업식에 현장 참석은 하지 않고 다음 날 오전, 학과 사무실에 방문해 학위증을 받고 교수님께 감사의 인사를 드렸다. 그리고 집으로 내려가는 길은 그동안의 노력이 한 번에 보상받는 기분이 들면서 눈물이 나올 정도로 감회가 벅차올랐다.

보수는 적지만
정년이 보장된 직업

고용노동부 부산지방고용노동청에서 근무할 직업상담원을 공개모집 하오니, 해당 분야의 전문성과 열정을 갖춘 분들의 많은 응모를 바랍니다.

해마다 소수의 인원을 채용하는 직업상담원 모집공고는 불과 몇 년 전만 하더라도 응시원서를 접수하면 대전에서 필기시험(고용보험법령, 직업상담학 등)을 치르고 가장 높은 점수로 순위를 매겨 면접을 치르는 절차였다. 이 당시에는 민간기관에서 직업상담사로 과중한 업무를 수행하고 있었기에 도저히 필기시험 준비를 할 수 없다고 생각해 지원하지 않았는데 함께 근무하고 있던 동료나 지인들은 틈틈이 시간을 내어 공부하며 주말에 시험을 응시하는 모습을 가까이서 보기도 했다.

그러나 최근 필기시험이 폐지되고, 서류전형으로 변경된 이유는 필기시험 성적만으로 면접을 진행한 뒤 고득점자를 채용하여 현장에 업무를 수행했는데 민원인 대상 업무수행 능력에 어려움을 느끼는 상황이 다수 발생이 되어 채용절차가 변경되었다는 얘기를 듣게 되었다. 사실인지는 알 수 없으나 지자체나 민간기관에서 업무를 수행하고 있는 1,000명의 직업상담사에게는 희소식이 아닐 수 없었다.

"지금 고용노동부 직업상담원 무기계약직 채용전형이 진행 중인데 한번 지원해 보고 싶습니다."

소상공인시장진흥공단 희망리턴패키지 재취업 업무가 끝나고, 차년도 사업을 준비하는 과정에서 대표님께서는 올해도 나와 업무를 함께하길 원했다. 나도 한 해 동안 업무를 하며 교육 강사의 역할에 만족감을 드러내 다시 '기간이 정해져 있는 근로계약'으로 체결하는 과정에서 다소 업무수행에 불안감을 느껴 안정을 택하고자 조심스럽게 회사 실무자에게 면담을 요청해 지원 의사를 피력했다.

실무자분께서는 내 의사를 존중해 주며 만약, 합격이 되지 않는다면 올해도 함께하도록 요청했고, 나도 그 부분에는 동의했다.

내가 거주하고 있는 고용복지플러스센터에는 2명 채용예정으로 서류전형에서 채용인원의 3배수를 선발할 계획이라 6명 이내에는 들어야 하는 부담감이 있었다.

'상담경력에는 다른 지원자보다 가능성이 있을 거야.'

'직업상담사 1급 자격증 소지하고 있으니 동점자가 나오더라도 가능성이 있을 거야.'

'학교교육 사항에도 직무 관련 분야를 전공했고, 직업교육 사항도 작성할 내용이 방대해 가능성이 있을 거야.'

서류전형 준비에 필요한 시간적인 여유는 많았다. 하지만 오랜만에 NCS 입사지원서는 상담사로 구직자 대상 컨설팅과는 다르게 부담감이 밀려왔고, 직무설명자료를 꼼꼼히 들여다보며 전략이 필요했다.

교육 사항의 학교교육은 직무설명자료의 필요지식에 포함된 용어를 이해하며 행정대학원 고용노동학과에서 이수한 내용을 기재하였고, 직업교육은 최근 수료한 교육 중에서도 업무 관련성이 높은 집체교육 위주의 교육내용을 작성했다. 그리고 경험 혹은 경력 기술서에서도 구체적으로 본인이 수행한 활동 조직, 역할 및 구체적 활동 내용, 주요 결과에 대해 작성해 주시기 바랍니다에는 기관명과 직위를 기재하면서도 성과적인 부분을 강조하며 수행한 업무의 내용을 구체적으로 작성했다.

두 페이지 분량으로 경력 기술서를 작성하면서 '참, 한곳에 오래 있지 못하고, 이리저리 옮겨 다녔네. 이 부분은 앞으로 내 경력에 위험요소가 될 수 있으니 좀 더 고민을 해봐야겠어.' 생각하며 자기소개서 항목으로 넘어갔다.

'그동안의 경험에서 정보에 대해 객관적인 사고와 통합적인 분석을 위해 노력한 경험이 있다면 당시 상황과 본인의 역할, 행동, 결과에 대해 구체적으로 작성해 주시기 바랍니다.'

'지금까지의 경험 중 갈등이나 문제해결 과정에서 의사소통 역량을 발휘하여 상황을 개선한 사례에 대해서 당시 상황과 본인의 역할, 행동, 결과에 대해 구체적으로 작성해 주시기 바랍니다.'

'지금까지의 경험 중 규정을 준수하기 위해 노력했던 경험이 있다면 어떤 상황에서 어떻게 행동을 했고, 어떤 결과를 얻었는지 사례를 구체적으로 작성해 주시기 바랍니다.'

'지금까지의 경험 중 자신의 역량을 개발하기 위해 스스로 목표를 세우고 노력했던 경험이 있으시면 어떤 상황에서 무엇을 목표로 어떻게 노력했고, 어떤 결과를 얻었는지 사례를 구체적으로 작성해 주시기 바랍니다.'

'지원 분야 직무와 관련하여 지원자의 장점에 소개할 수 있는 사항을 구체적으로 작성해 주시기 바랍니다.'

  5개의 문항에 400자 내외의 자기소개서를 작성하기 전 질문에 의미를 생각하면서 공통적인 단어를 발견하였다. 그것은 STAR 기법을 활용한 육하원칙으로 사실을 기반으로 한 사건을 구체적으로 작성하라는 것이었다.

  취업 성공사례와 민간기관에서 수행한 실적 그리고 원칙과 규정을 중심으로 한 행정처리 등 경력을 작성하면서도 다른 지원자보다 경쟁력 있는 부분을 강조한 자기소개서는 하루가 아닌 일주일 가까운 시간에 걸쳐 완성되었다. 몇 번의 수정과 검토를 하며 마감 날짜에 맞추어 온라인으로 서류를 제출하고 마감기한이 설연휴 전날이라 제법 많은 지원자가 있을 것으로 생각했는데 최종적으로 200명이 넘는 지원자 수를 확인하며 얼어붙은 구직시장의 어려움을 다시 한번 느끼게 되었다.

'설마, 서류전형에서 떨어지겠어? 서류발표 후 필기시험 준비하기에 늦을 수도 있으니 미리 교재를 사서 공부를 해야겠어.'

서류합격자는 필기시험 실시 후 면접을 보게 되는데, 준비시간이 부족해 일주일 전 서점에서 한 권의 교재를 구매하고, 어려운 항목은 동영상을 참고해 높은 점수를 받고자 공부했다. 사실, 상담사로 근무하며 입사지원서 컨설팅과 인 적성검사 자료를 무수히 제공했지만 내가 지원자로서 직접적인 시험경험은 없어 현재 청년 구직자가 얼마나 많은 시간을 할애하며 취업준비를 하는지 새삼 느끼게 되었다.

시간이 지나 서류합격 발표날이 되었고 오후 4시 기점으로 결과를 알 수 있어 홈페이지 접속 후 대기했다. 오전부터 이루어 말할 수 없을 정도의 초조함이 극에 달해 아무것도 손에 잡히지 않았고, 다른 지역에는 오전에 발표한 기관도 있어 합격자의 기준을 나름 알 수 있었으나 '면접까지만 가보자.' 생각이 사로잡혀 있을 때 합격자 명단이 등록되었다. 하지만 내 응시번호는 보이지 않았다. 책상 옆에 있던 NCS 교재를 덮고 회사에 연락을 드렸는데 "아쉽겠지만 다음 기회를 기다려야겠네요. 수고하셨고 다음 주부터 출근하세요." 통보받았다.

이번에 나와 같이 업무 경력이 많고 직업상담사 1급 자격을 소지한 지인이 다수 지원을 했는데 서류전형에 그 누구도 합격하셨던 분은 없었다. 결국, 모두 본인이 하던 업무를 계속 수행하거나 다른 기관에 적합한 일자리를 찾아 근무하면서 잠시나마 행복했던 순간을 뒤로하고 일상생활에 복귀했다.

감사합니다
그리고 고맙습니다

"교수님, 이번에 비교과 프로그램으로 직업상담사 2급 자격취득을 희망하시는 성인 학습자 대상으로 단기특강을 계획하고 있는데 진행 가능할까요? 특강료는 사업비 예산이 한정되어 있어 많이 챙겨드릴 수 없는 점 양해 바라며 대략 10시간 내외로 생각하고 있습니다."

"네, 알겠습니다. 그리고 교수님, 일반적으로 직업훈련기관에서는 2개월 과정, 총 160시간으로 수업이 진행되는데 10시간이라면 교안에 대해 고민을 해보도록 하겠습니다."

"네, 교수님. 감사합니다."

올해 초, 학과 교수님의 제안은 나에게 새로운 도전이었다. 갑작스러운 제안에 흔쾌히 수락한 이유는 무엇이었을까? 첫째, 지난 2년간 직업상담세미나 교과과정을 진행하며 매주 온라인 강의를 등록하는 과정에서 이론학습을 스스로 하고 있었다는 것. 둘째, 지난해 직업훈련기관에서 직업상담사 1급 취득과정을 참여하며 공부를 해왔다는 것. 셋째, 혹시나 모를 상황을 대비해 직업상담사 2급 요점정리 자료를 수정·보완하고 있었다는 것. 넷째, 나 자신을 시험해 보고 싶었다는 것인데 마지막 이유가 가장 하고 싶었던 명분이기도 했다.

그러나 성인 학습자분들과 10시간의 수업은 너무나 짧은 시간이라 효과적인 특강이 되기 위한 수업내용을 구성하는 데 굉장히 고민이 깊었다.

며칠 후, 단기특강 일정은 정해졌고 교수님께서는 사업계획서 제출에 필요한 운영계획안을 요청하셔서 '수업개요와 강의내용 그리고 사후관리방안'을 기반으로 두 페이지 분량의 계획안을 보내드렸다.

"교수님, 이번 단기특강으로 몇 명의 합격자를 예상하고 계시나요?" 형식적인 강의가 아닌 사업비가 발생한 단기특강으로 나 역시도 교수님께 진지하게 여쭈어 보았다.

"합격자가 많이 배출되면 좋을 텐데, 너무 부담 갖지 않으셔도 됩니다."라는 말씀에 난 "우선 필기시험 합격자를 60%로 만들고 실기시험 합격자는 그 이후에 생각해 보겠습니다."라고 소정의 목표를 간접적으로 말씀드렸다.

이제 내가 할 일은 어떻게 하면 수업 시간을 효과적으로 활용하면서 최상의 결과를 낼 수 있을까? 였고 며칠간 많은 고민을 거듭하며 단기특강이 끝난 이후에도 지속적인 사후관리를 하며 학습을 이어나갈 수 있도록 스스로 계획을 세웠다. 단기특강을 앞두고 학교 행정실 교직원에게 신청자를 물어보니 총 16명이 신청했고 내가 소속된 학과 외에 타 학과 인원도 있다고 말씀하셨다. 평소 학과 수업을 통해 틈틈이 직업상담사 자격취득의 중요성을 언급했는데 타 학과생에게는 생소하게 생각할 수도 있고 매우 빠른 속도로 진행해야 해서 만반의 준비를 했다.

"반갑습니다. 비교과 프로그램인 직업상담사 2급 단기특강을 진행하게 된 박성우입니다. 매주 토요일 학과 수업 후 피로감이 있겠지만 단기특강에 참여해 주신 선생님들에게 감사의 말씀을 드리며 수업에 앞서 본 과정에 대해 간략하게 말씀드리도록 하겠습니다. 직업상담사 2급 자격증은 학력이나 나이 제한이 없고 1년에 3번의 정기기사 시험으로 진행됩니다. IMF 외환위기로 비자발적 퇴사자가 증가하며 일자리의 중요성이 제기되면서 2000년도 첫 시험이 시행되었고 최근 고용시장이 어려워지는 취업환경 속에서 중·장년층 구직자와 직장인들이 도전하고 있는 자격증입니다."

"구인자는 구직자 채용에 어려움을 겪고 있으며 그만큼 직업상담사의 역할이 중요하기에 미래의 고용시장에서의 가치는 높다고 예상되는 직업이기도 합니다."

"그리고 필기시험은 지필 시험이 아닌 CBT 시험으로 현장에서 바로 합격 여부를 알 수 있으며 실기시험은 총 18문제의 서술형으로 평균 60점 이상이면 자격증을 발급받게 됩니다."

"일반적으로 직업훈련기관에서는 두 달 과정으로 총 150시간 내외의 훈련시간으로 수업이 진행되는데 저희는 여건상 10시간의 한정된 시간으로 진행하기에 핵심적인 내용으로 구성되며 반드시 개인 시간을 할애해 복습과 기출문제를 풀어주시기 바랍니다."

'처음에는 무슨 말로 시작할까?' 고민했지만 내가 가지고 있는 견해와 자격증 교재 첫 페이지에 있는 내용을 그대로 말하는 게 정답이라 생각했다.

직업정보론, 노동시장론, 노동관계법규, 직업심리학, 직업상담학 순서로 매주 2시간씩 수업을 진행했고 매 회차 수업이 종료되면 4명의 그룹을 형성하고 복습한 학습일지를 검토하며 피드백을 하였다.

직업상담사 2급 필기접수 안내

4월 16일(화) 오전 10시~4월 19일(금) 오후 18시까지 필기시험 접수가 시작될 예정이니 거주지 지역 내 위치한 장소에 정상적으로 응시할 수 있도록 원서접수를 진행해 주시기 바랍니다.

성인 학습자 대상으로 큐넷(Q-net) 원서접수를 자주 해보지 않으셨기에 필기시험 원서접수 일정을 사전에 공지하면서 카드결제 외에 무통장 임금으로 빠른 접수하는 방법도 알려주었다.

"선생님, 직업상담사 2급 필기시험 접수를 하셨나요?"

직장생활과 가정에서의 역할을 병행하는 성인 학습자 대상이기에 간혹 예상하지 못한 일들도 발생이 되곤 하는데 결국 처음 시작한 16명의 응시자 중에 9명만이 필기시험 접수를 확인했다.

그리고 조금이라도 학습에 도움을 드리기 위해 지난해 직업상담사 1급 필기 학습에 효과를 봤던 방법을 인용해 최근 기출문제 중에서 동일문제를 과목별로 정리하였고 가장 중요한 단어를 붉은색으로 표기해 학습효과를 높이고자 했다.

또한, CBT 시험을 연습해 볼 수 있는 홈페이지도 제공하며 집중력과 합격률을 높이는 방법을 선택했고 이제 시험은 내가 아닌 단가특강을 참여하셨던 성인 학습자분들의 몫이었다.

필기시험은 하루가 아닌 개인 일정에 맞추어 탄력적으로 운영되었고 평일 또는 주말에 9명이 시험을 응시했는데 6명의 합격자를 확인했고 처음 교수님께 말씀드렸던 목표달성을 해 뿌듯함이 밀려왔다.

"교수님, 이번에 직업상담사 2급 필기 합격한 성인 학습자분 대상으로 2시간 정도 실기특강을 해주실 수 있을까요?"

"네 알겠습니다. 준비하도록 하겠습니다."

처음 단기특강을 시작했을 때 언급한 필기 합격자 60%를 달성해 이번에는 교수님께 "몇 명의 합격자를 배출하면 좋을까요?" 묻기보다 내가 먼저 실제로 실기합격률이 높지 않아 예상은 할 수 없으나 네 분 정도 합격자가 나오도록 최선을 다해보겠다고 말씀드렸다.

실기시험 특강은 학과 수업이 모두 종료되는 기말고사 시험이 끝난 뒤 2시간 동안 진행되었다. 사전에 학교 행정실 교직원의 도움으로 지난 10년 동안 출제빈도 수가 가장 높았던 문제를 분류하면서 핵심적인 내용을 정리한 100페이지 분량의 자료를 출력한 뒤 전달했다.

직업상담사 2급 실기시험이 7월 28일(일)에 시행이 됩니다. 2024년 1회차 실기시험의 난이도는 적정했기에 이번 2회차 시험도 60% 내외로 기출문제가 출제될 것으로 예측되며 시험 응시 전 꼭 알아두어야 할 사항을 말씀드립니다.

이제 시험은 내가 아닌 필기시험 합격한 6명의 성인 학습자분들의 노력이 가장 중요했고 주기적으로 시험 접수날짜와 시험 당일 준비물 그리고 감독관의 말씀에 귀담아듣고 시험을 응시할 수 있도록 당부드렸다.

하나. 기출문제는 다시 한번 검토하고 어렵게 느껴졌던 내용은 과감하게 제외하신 뒤 중요단어만 작성하시기 바랍니다.
둘. 새로운 문제를 보면 당황하지 마시고 공란보다 연관이 없더라도 하나의 내용이라도 작성하여 모든 문제의 답안을 작성해 주시기 바랍니다.

셋. 문제지를 먼저 받은 뒤 감독관께서 10분 정도 시험에 관련하여 설명하는 과정에서 답안을 작성한다면 제재를 받을 수 있으니 유의하시고 시험 시작 후 문제를 훑어본 뒤 기출문제 위주로 답안을 작성하시기 바랍니다.

넷. 수험표, 신분증, 검은색 볼펜, 수정 테이프 필수 준비물을 지참 바랍니다.

다섯. 시험 도중 화장실을 갈 수 없으니 사전에 많은 음료를 드셔서 난처한 상황이 발생 되지 않도록 유의하시기 바라며 응시하시는 모든 선생님의 합격을 기원하도록 하겠습니다.

다음 날 오전, 시험에 나왔던 문제를 검토하고 모범답안을 작성하여 응시한 성인 학습자분들에게 전달하였고 가채점을 해보도록 하며 합격자 발표만을 기다렸다.

한 달 후, 직업상담사 2급 2회 실기시험 발표 당일, 여섯 분의 응시자 중에 총 세 분의 합격자를 확인하였고 나 스스로 너무나 뿌듯함을 느끼면서 합격하신 세 분에게 축하의 연락을 드렸다.

고생 많으셨다는 말씀을 전해드리면서 불합격하신 세 분에게는 위로의 말과 함께 3회차 시험이 있으니 남은 시간 천천히 다시 준비한다면 좋은 결과가 있을 거라는 말씀을 드렸다.

그리고 단기특강은 추가로 진행되지 않아 3회차 시험은 개인적으로 시험 접수 일자 안내와 틈틈이 학습사항을 점검하며 두 분의 합격자를 더 배출하는 성과를 가져왔다.

이번 기말고사를 앞두고 직업상담사 2급 자격취득과정 단기특강을 제안해 주셨던 교수님 연구실에 찾아가 두 분의 합격자가 추가로 확인되었고, 총 다섯 분의 자격증 취득자가 나온 것에 다시 한번 감사의 인사를 전하였고 교수님께서도 학과 실적에 도움이 되게 해주셔서 감사하다고 말씀을 전하셨다.

이렇게 한 해를 무사히 마무리하고 나는 또 지난해 현장에서 취업교육 업무를 담당하며 부족했던 부분을 보완하고 있으며 올해도 내가 하는 일에 감사함을 느끼며 열심히 달리려 한다.

내가 살아온 날보다 살아갈 날이 더 많겠지만 인생은 끝까지 가봐야 하지 않는가? 그래야 내 삶이 주어진 의미를 알 수 있으니깐….

에필로그

　미국학자인 레빈슨은 전 생애를 사계절에 비유하여 말하며, 인생의 시기에도 '전환기'가 있다고 했다.
　100세 시대, 건강한 삶을 살아가는 방법은 사람마다 다르기에 해야 하는 일을 하며 살아가는 것과 하고 싶은 일을 하면서 살아가는 것은 직업 가치관에 따라 선택이 달라질 것이다.
　이제 어느덧 40대 중반을 바라보고 있는 지금의 내 모습은 아직 더 두드리고 도전해야 하는 저기 끝이 보이지 않는 길을 걷거나 때로는 뛰어가기도 하며 인생 2막을 위한 삶을 준비하고 있다.
　우리는 여전히 타인의 시선을 의식하며 자유롭게 내가 하고 싶은 걸 하며 현재 무엇을 해야 하는지는 더 잘 알고 있을 것이다.
　유년 시절, 그렇게 얄미웠던 세 살 많은 누나는 현재 나와 같은 40대 후반의 나이로 서로 고민을 나누며 의지하는 사이가 되었고, 일요일마다 누나와 나를 용두산 공원에 데리고 가셨던 어머니는 일흔의 나이가 되어 집에서 보내는 시간이 부쩍 많아지고 있다. 그리고 아버님은 오로지 나를 의지하는 상황으로 여러 가지 복잡한 생각이 많다.
　나도 모든 게 처음 겪는 일이기에 기쁨보다는 후회가 밀려올 때가 많지만 그건 사람이기에 어쩔 수 없는 것이다. 단지, 현재 내가 하는 일을 잘 해내고 싶은 마음이 있고 어제보다는 오늘 그리고 내일이 더 행복한 순간이 되길 바란다. 지금도 자부심을 가지며 업무를 수행하는 모든 이들에게 "오늘도 수고하셨습니다." 말을 전하고 싶다.

오늘이 나에게
가장 멋진 하루

초판 1쇄 발행 2025. 4. 14.

지은이 박성우
펴낸이 김병호
펴낸곳 주식회사 바른북스

편집진행 박하연
디자인 김효나

등록 2019년 4월 3일 제2019-000040호
주소 서울시 성동구 연무장5길 9-16, 301호 (성수동2가, 블루스톤타워)
대표전화 070-7857-9719 | **경영지원** 02-3409-9719 | **팩스** 070-7610-9820

•바른북스는 여러분의 다양한 아이디어와 원고 투고를 설레는 마음으로 기다리고 있습니다.

이메일 barunbooks21@naver.com | **원고투고** barunbooks21@naver.com
홈페이지 www.barunbooks.com | **공식 블로그** blog.naver.com/barunbooks7
공식 포스트 post.naver.com/barunbooks7 | **페이스북** facebook.com/barunbooks7

ⓒ 박성우, 2025
ISBN 979-11-7263-312-7 03810

•파본이나 잘못된 책은 구입하신 곳에서 교환해드립니다.
•이 책은 저작권법에 따라 보호를 받는 저작물이므로 무단전재 및 복제를 금지하며,
 이 책 내용의 전부 및 일부를 이용하려면 반드시 저작권자와 도서출판 바른북스의 서면동의를 받아야 합니다.